欧阳絮·著

大唐二十一帝

民主与建设出版社
·北京·

© 民主与建设出版社，2025

图书在版编目（CIP）数据

大唐二十一帝 / 欧阳絮著. -- 北京：民主与建设出版社, 2025.6. -- ISBN 978-7-5139-4969-9

Ⅰ.K827=42

中国国家版本馆 CIP 数据核字第 20254J2U36 号

大唐二十一帝
DATANG ERSHIYI DI

著　　者	欧阳絮
责任编辑	史俊南
封面设计	异一设计
出版发行	民主与建设出版社有限责任公司
电　　话	（010）59417749　59419778
社　　址	北京市朝阳区宏泰东街远洋万和南区伍号公馆4层
邮　　编	100102
印　　刷	天津中印联印务有限公司
版　　次	2025年6月第1版
印　　次	2025年6月第1次印刷
开　　本	880毫米×1230毫米　1/32
印　　张	6.5
字　　数	125千字
书　　号	ISBN 978-7-5139-4969-9
定　　价	52.00元

注：如有印、装质量问题，请与出版社联系。

二十一帝,评说千秋功过
近三百年,还原大唐风云

前言

　　唐朝历史不仅是一部王朝兴衰的纪实，更是一曲文化繁荣的颂歌、一篇民族融合的华章。这个跨越近三百年（618—907）的伟大王朝犹如一位技艺精湛的织匠，以二十一位帝王的生平与功业为主线，精心编织出一幅宏伟壮丽的历史长卷。这长卷中既有江山壮丽的雄伟景观，也有英雄辈出的辉煌事迹，更有文化交融的绚烂色彩和民族和睦的和谐图景。

　　本书以一种更为宏阔、深邃的视野去审视这个王朝背后的政治逻辑、文化脉络和社会变迁的深层动因。我们的关注点并非仅局限于这些帝王个人的生死荣辱，更关注的是他们如何在历史的洪流中把握时代脉搏，在风云变幻中铸就历史的篇章。

　　这是一个开放包容、海纳百川的时代。在这个时代里，各种思想、文化、宗教如江河汇流、相互交融，共同铸就了唐朝独特而璀璨的文化风貌。从高祖李渊的开国奠基，到太宗李世民的贞观之治，唐朝的帝王始终秉持着一种开放的心态，他们

I

如同海绵般吸收着外来的文化精髓，积极融合外来文化，推动社会的进步与发展。这种开放包容的精神，不仅使唐朝成为当时世界上最繁荣、最强大的国家之一，更使文化影响力跨越国界，为后世留下了宝贵的文化遗产。在唐朝的广袤土地上，道教兴起、佛教盛行、儒家思想传承不息，同时各种外来文化也在此交融，共同编织出唐朝文化的多元与包容之网。

唐朝亦是一个充满变革与挑战的时代。帝王面临着错综复杂的政局和层出不穷的社会问题。他们或英明睿智，以卓越的治国才能引领国家走向繁荣；或昏庸无能，因决策失误而致使国家陷入困境。但无论他们的表现如何，都无法逃脱历史规律的制约和时代的局限。每一位帝王都在以自己的方式应对着时代的挑战、书写着自己的历史篇章。有的帝王励精图治，推行改革，使国家焕发生机；有的帝王则沉溺享乐，忽视国事，导致国家逐渐衰落。但无论如何，他们都是唐朝历史上不可或缺的一部分，都为唐朝的辉煌与衰落留下了独特的印记。

本书旨在通过深入剖析唐朝二十一帝的治国理念、政策导向和人格特质，揭示出这个王朝兴衰更迭的内在逻辑。我们不仅要关注帝王的个人作为，更要深入探究他们背后的社会背景、政治力量和文化传统等深层次因素。因为任何一个王朝的命运都不是由某一个人或某几个人所能决定的，而是多种因素相互作用、共同影响的结果。政治力量的博弈、经济环境的变化、文化传统的演变以及民族关系的融洽与冲突等种种现象交织在一起，共同塑造了唐朝的命运。

通过研究唐朝二十一帝我们可以深刻认识到，一个王朝的兴衰并非偶然，其背后蕴含着深刻的政治、经济、文化和社会根源。这些根源往往与帝王的治国理念、政策导向和人格特质紧密相连。因此，我们需要以一种更加客观、理性的态度去看待唐朝的帝王，既要看到他们的优点和成就，也要正视他们的缺点和失败。只有这样，我们才能更全面地揭示唐朝的历史真相，更深刻地理解王朝的兴衰更迭之谜，从而汲取历史的智慧，为现实提供借鉴。

目录

前 言 / I

高祖李渊　武德元年（618）—九年（626）

开国之路：从晋阳起兵到定鼎天下 / 002
治国理念：休养生息与制度初创 / 004
太子之争：玄武门之变的序曲 / 006
李渊档案 / 009

太宗李世民　贞观元年（627）—二十三年（649）

帝王之路：从秦王到天可汗 / 012
治国盛世：贞观之治的辉煌 / 014
君臣佳话：凌烟阁功臣与房谋杜断 / 016
李世民档案 / 019

高宗李治　永徽元年（650）—永淳二年（683）

继位之路：从太子到皇帝 / 022

扩大版图：东征西讨，拓疆万里 / 024

皇后之威：武则天的崛起 / 025

李治档案 / 028

女皇武则天　天授元年（690）—神龙元年（705）

女皇之路：从才人到则天皇帝 / 030

酷吏政治：武则天时期的特务统治 / 032

神龙政变：归葬乾陵留无字碑 / 034

武则天档案 / 037

中宗李显　嗣圣元年（684）
　　　　　　神龙元年（705）—景龙四年（710）

坎坷人生：两度登基与中间的流离 / 040

风云再起：韦后及安乐公主干政 / 042

悲情结局：糕饼毒亡留憾终 / 044

李显档案 / 046

睿宗李旦　文明元年（684）—天授元年（690）
　　　　　　　景云元年（710）—延和元年（712）

　　唐隆政变：李唐江山重获新生 / 048

　　传位太子：明智择储君 / 049

　　姑侄斗法：李隆基与太平公主的较量 / 051

　　李旦档案 / 053

玄宗李隆基　先天元年（712）—天宝十五载（756）

　　盛世之巅：开元盛世的繁荣 / 056

　　安史之乱：盛极而衰的转折点 / 058

　　爱恨交织：杨贵妃与马嵬驿之变 / 060

　　李隆基档案 / 062

肃宗李亨　至德元年（756）—宝应元年（762）

　　灵武登基：平叛安史的中兴之主 / 064

　　借兵回纥：收复两京的艰难历程 / 065

　　祸起萧墙：宫廷内斗的暗流涌动 / 067

　　李亨档案 / 070

代宗李豫　宝应元年（762）—大历十四年（779）

平叛余孽：继续安史之乱的善后 / 072

宦官专权：唐朝中后期的隐忧 / 074

藩镇挑战：中央集权与藩镇割据 / 076

李豫档案 / 078

德宗李适　建中元年（780）—贞元二十一年（805）

革新失败：两税法的实施与困境 / 080

藩镇割据：唐朝衰落的根源 / 082

泾原兵变：德宗的坚守与反击 / 084

李适档案 / 086

顺宗李诵　永贞元年（805）

短暂在位：改革与病痛的交织 / 088

永贞革新：未竟的事业 / 089

暗流涌动：顺宗与宦官势力的斗争 / 090

李诵档案 / 092

宪宗李纯　元和元年（806）—十五年（820）

中兴之主：元和中兴的辉煌 / 094

削藩之战：平定淮西的功绩 / 095

宪宗崇佛：皇帝对宗教的态度与影响 / 097

李纯档案 / 099

穆宗李恒　长庆元年（821）—四年（824）

享乐皇帝：耽于游乐的统治 / 102

河朔再叛：藩镇问题的回潮 / 104

皇权旁落：穆宗与宦官专权 / 106

李恒档案 / 108

敬宗李湛　宝历元年（825）—三年（827）

少年天子：嬉戏无度的皇帝 / 110

荒诞行为：天子的另一面 / 112

宦官弑君：宝历时期的政治斗争 / 113

李湛档案 / 116

文宗李昂　大和元年（827）—开成五年（840）

甘露之变：未遂的夺权行动 / 118

牛李党争：朝廷的分裂与衰败 / 120

诗书寄情：壮志未酬憾终生 / 123

李昂档案 / 126

武宗李炎　会昌元年（841）—六年（846）

灭佛运动：会昌法难的背景 / 128

对外战争：反击回鹘的功绩 / 131

君臣携手：会昌中兴的辉煌征程 / 133

李炎档案 / 135

宣宗李忱　大中元年（847）—十三年（859）

中兴之治：宣宗时期展清明 / 138

牛李终局：党争的尾声 / 140

皇权回归：宦官的败北 / 142

李忱档案 / 145

懿宗李漼　咸通元年（860）—十四年（873）

奢靡统治：唐朝的进一步衰败 / 148

任用非人：奸佞当道祸朝纲 / 150

庞勋起义：民变的前奏 / 152

李漼档案 / 156

僖宗李儇　乾符元年（874）—文德元年（888）

玩乐皇帝：少年登基沉迷游乐 / 158

黄巢起义：唐朝的致命一击 / 160

逃难皇帝：四处奔波的统治 / 163

李儇档案 / 167

昭宗李晔　龙纪元年（889）—天祐元年（904）

忧患继统：昭宗中兴的尝试 / 170

平定叛乱：努力削弱藩镇势力 / 172

朱温篡唐：唐朝的终结 / 175

李晔档案 / 178

哀帝李柷 天祐元年（904）—四年（907）

傀儡皇帝：唐朝的最后余晖 / 180

白马之变：从大肆杀戮到逼迫禅位 / 181

唐亡之后：哀帝的悲惨结局 / 183

李柷档案 / 185

附 录

唐朝二十一帝世系（618—907）/ 187

高祖李渊

武德元年(618)—九年(626)

唐高祖李渊生于566年,祖籍陇西成纪(今甘肃天水一带),一个沐浴在家族荣耀中的世家子弟。其祖父李虎,在南北朝的西魏时期官至太尉,功封陇西郡公,是西魏八柱国之一,名垂青史。父亲李昞,承唐公之爵,北周要职在身,家世显赫。李渊自幼便展现出非凡才华与气质,他倜傥豁达,深受众人爱戴。更值得一提的是,他娶了军事贵族出身的窦氏为妻,窦氏才貌双全,聪明过人,常为李渊出谋划策,助其渡过难关。

隋朝末年,天下大乱。李渊审时度势,毅然起兵反隋。李渊军事才能出众,指挥的军队纪律严明,战斗力强悍。在反隋战争中,他屡战屡胜,势不可当。618年,李渊于长安称帝,建立大唐帝国,开启了李唐王朝的辉煌篇章。执政后,李渊大刀阔斧进行改革。经济上,他推行仁政,减轻人民负担,发展农业,使国家经济迅速繁荣。政治上,他加强中央集权,削弱地方势力，使国家政治更加稳定。军事上，他扩充军队，加强边防，使国家军事力量日益强大。

李渊作为大唐帝国的奠基人，其才干与胆识彰显无遗。

开国之路：从晋阳起兵到定鼎天下

大业十三年（617），隋朝的统治已如风雨飘摇中的破船，各地起义风起云涌。李渊时任太原留守，也在暗中蓄势待发。

李渊的家族世代为官，他本人更是仕途顺畅，曾任多地刺史，深得民心。然而，时局的动荡让他不得不重新审视自己的立场。隋炀帝东征高句丽失败，国内民怨沸腾，加之各地灾荒频发，百姓生活苦不堪言。李渊次子李世民年少英武，早已洞察天下大势，他力劝父亲起兵反隋，共谋大业。

晋阳是天下精兵处，自然而然地成了李渊起兵的起点。五月，李渊以防御突厥为名，秘密集结兵马，同时暗中与各地豪杰联络，准备一举起事。他深知，起兵之事关乎身家性命，必须谨慎行事。裴寂为了推动李渊起兵反隋，决定利用晋阳宫设宴的机会，对李渊实施美人计，李渊深知自己与宫眷同寝罪名的严重，又考虑到隋炀帝对李氏宗族的猜忌，以及当时天下大乱的局势，最终下定了起兵反隋的决心，并趁机将不愿起兵的副留守王威、高君雅擒获,迅速稳定了晋阳的局面。七月,李渊发布檄文,历数隋炀帝的罪状,宣布起兵反隋,一时间,应者如云。他率领大军,南下攻取长安,沿途所过,秋毫无犯,深得民心。李渊大军兵临长安城下,守城隋军望风而降,长安这座隋朝的国都,就这样轻易地落入了李渊之手。

占领长安后,李渊并没有急于称帝,而是拥立隋炀帝的孙子杨侑为帝,遥尊隋炀帝为太上皇,自己则以大丞相的身份总揽朝政。此时的天下尚未完全平定,过早称帝只会树敌更多,这一举动为他争取到了更多的支持和时间,然而,隋炀帝的死讯传来,彻底打破了这种微妙的平衡。大业十四年(618)三月,江都兵变,隋炀帝被宇文化及缢杀,隋朝彻底灭亡。五月,李渊在长安即皇帝位,国号唐,年号武德。他封李世民为秦王,委以重任,共同治理这个新生的王朝。

从晋阳起兵到定鼎天下,李渊用短短几年的时间,就完成了这一历史性的转变。他的开国之路,不仅是他个人的传奇,更是唐朝辉煌的起点。从此,一个崭新的时代拉开了序幕。唐朝,这个中国历史上最为辉煌的朝代之一,在李渊的带领下走上了历史的舞台。

治国理念：休养生息与制度初创

新生的唐朝，在战乱后的一片废墟中艰难崛起，国家经济凋敝、民生困苦，百废待兴。面对这样的局面，李渊意识到唐朝急需养精蓄锐以恢复元气。于是，他提出了一系列以休养生息为核心的治国理念，并在此基础上进行了制度的初创，为唐朝的繁荣与发展奠定了坚实的基础。

武德二年（619），李渊初定了租庸调制。这一制度规定，受田的农民每年需交纳一定数量的粮食（租）、丝麻等物（调），同时也允许他们以劳役折纳赋税（庸）。这一创新之举，既保障了国家的财政收入，又充分考虑到了农民的实际困难，极大地减轻了百姓的负担。随着这一制度的实施，农业生产逐渐得到恢复和发展，为唐朝的经济复苏注入了新的活力。

武德七年（624），随着国家体制的逐步稳定，李渊进一步完善了均田制与租庸调制。他明确规定，丁男（21—59岁）和中男（16—20岁）各授田一顷（一百亩），其中口分田八十亩，永业田二十亩；而对老男、笃疾、废疾者及寡妻妾等，也按不同标准授田。这一举措不仅激发了农民的生产积极性，还有效遏制了土地兼并的现象，保障了社会的基本公平。均田制的完善，为唐朝的农业稳定和经济发展提供了有力的制度保障。

李渊重用贤能之士，通过一系列高明的战略部署，迅速稳定了边疆局势。在太原起兵后，面对强大的突厥势力，李渊并未选择硬碰硬，而是采取了卑辞厚礼的策略，请求突厥的援助，并巧妙利用突厥对其他势力的忌惮，成功避免了腹背受敌的困境。在平定天下的过程中，李渊也尽量避免长期拉锯战对民力的过度消耗，为战后的恢复与发展赢得了宝贵的时间。

唐朝建立之初，李渊便着手进行行政制度的改革，他沿用并发展了隋朝的三省六部制，形成了尚书省、中书省、门下省相互制约、相互协调的行政体系。这一制度的确立，不仅提高了行政效率，还有效避免了权力过于集中的弊端，为后世所称颂的三省六部二十四司制度奠定了基础。随着战争的结束和国家体制的稳定，李渊正式固定了国家体制，明确了中央与地方的行政架构，简化了行政层级，使得国家运转更加高效。他借鉴前朝经验，于占领长安后迅速约法十二条，废除了隋朝的苛刻法律，使得社会秩序得以迅速恢复。建立唐朝后，他更是让裴寂等人在隋文帝《开皇律》的基础上修订新律法，制定了新律五十三条，形成了较为完备的《武德律》。这一法律制度的创立，不仅为唐王朝的法治建设建立了稳固基石，也为后世的法律发展提供了宝贵的借鉴和启示。

太子之争：玄武门之变的序曲

在唐朝初期的风云变幻中，一场围绕皇位的激烈争夺悄然拉开序幕。这场争夺不仅改变了唐朝的历史走向，也深刻影响了后世对权力斗争的理解与反思。唐高祖李渊与他的两个儿子李世民和李建成，共同谱写了一曲充满悲剧色彩的太子之争序曲，最终引发了震惊朝野的玄武门之变。

在皇位继承人的问题上，李渊陷入了两难境地。他有两个儿子李世民和李建成，两人都具备继承皇位的条件。李世民勇武多谋，深得军心；而李建成则年长，性格稳重内敛，文武兼备。李渊极为谨慎，试图在两个儿子之间玩弄权谋，以达到平衡。他时而拉拢李世民，赋予他更多的军权；时而又突然支持李建成，削弱李世民的权势。这种多变的态度使得李世民和李建成对李渊充满了不满之情，原本关系亲近的兄弟也逐渐疏远，充满了猜忌。

李世民在多次受到信任后又被冷落，最终忍无可忍。他对近臣抱怨道："我在战场上从未失败，父皇却总是无故削弱我的权力。我明白父皇的用意，但这种摇摆不定会动摇军心，对国家有害。"李建成也对密友表示忧虑："我领导文治有方，但父皇总是刁难我。我理解他的用意，但如果我的权力忽强忽弱，国家的事务将无法稳定推进。这对我和世民的关系也不公平。"

随着李渊的权谋不断激化兄弟之间的竞争，武德九年（626），李建成的势力达到了前所未有的高度。他秘密贿赂禁卫军，甚至可以自由出入皇宫，与禁卫军的主要将领接触。李渊对此睁一只眼闭一只眼，并未采取任何行动。李世民为了应对局势，派遣亲信秘密调查李建成的行动。不久，一条可靠的情报传到了李世民的耳中：李建成计划在十天后的一次朝会上，率领禁卫军进入皇宫，以武力逼迫李渊让位。

在李建成准备强行继位的前一天，李世民决定先发制人。他率领亲信埋伏在宫门附近，等待李建成的到来。同时，他也秘密向李渊上奏，指控李建成和李元吉淫乱后宫，并企图谋杀自己。李渊听后大为震惊，决定第二天让三人当堂对质。

六月四日清晨，李建成像往常一样准备前往皇宫朝见李渊。然而，当他走近玄武门时，李世民突然下令："抓住李建成！"战斗瞬间爆发，李世民亲手射杀了太子李建成。李元吉见状，落荒而逃，不料却被尉迟敬德斩杀。东宫和齐府的人得到消息后，纷纷赶来报仇。李世民带领手下也赶到了玄武门，双方展开了激烈的战斗。

在战斗中，尉迟敬德身披铠甲，手持长矛，直奔李渊所在的寝宫。他向李渊报告了太子和齐王作乱的情况，并请求保护李渊的安全。李渊见状，心中稍微安定。他明白大势已去，只好坦然面对现实。

玄武门之变以李世民的胜利告终。然而，这场残酷的兄弟争夺战给李渊带来了巨大的悲痛和反思。他深知自己在处理继承人问题上的严重错误，导致了兄弟间的感情破裂，甚至造成了李建成和李元吉的死亡。事后，李渊立李世民为太子，两个月后禅让皇位。

在退位后的日子里，李渊被尊为太上皇，名义上仍然享有极高的地位，但实际上他已经失去了对朝政的控制权。李世民即位后，虽然对李渊保持着表面上的尊敬和孝顺，但父子之间的关系已经变得异常微妙和复杂。李渊曾经的皇帝梦已经破灭，只能默默地接受这一现实，过着相对隐退的生活。

晚年的李渊，或许在回忆中常常想起自己创立唐朝的辉煌历程，以及那些与儿子共度的时光。然而，现实的残酷却让他不得不面对儿子相残、皇权旁落的痛苦现实。他或许在心中无数次地责问自己，是否在处理继承人问题上犯下了不可饶恕的错误，才导致了今天的结局。

尽管李渊的晚年生活相对安逸，但他内心的痛苦和遗憾却是无法言说的。贞观九年（635），李渊在病中逝世，终年七十岁。他的一生，既有着创立唐朝的辉煌成就，也有着太子之争的悲惨结局。

李渊档案

姓　　名：李渊

庙　　号：高祖

生卒年份：566年—635年

出 生 地：长安

逝 世 地：长安大安宫

家族背景：出身贵族,祖父李虎为西魏八柱国之一,父亲李昞为北周唐国公。

早年经历：仕途平稳,历任多职,积累丰富政治经验。隋朝末年,天下大乱,李渊审时度势,趁机起兵反隋。

主要政绩：成功推翻隋朝,建立唐朝,成为开国皇帝。在位期间,他实行一系列改革措施,巩固新政权,发展经济,稳定社会。同时,他重用贤能,广纳人才,为唐朝的繁荣奠定基础。

性格特点：性格沉稳,善于谋划,具有卓越的领导才能,但同时也有优柔寡断的一面,在处理某些问题时显得不够果断。

历史评价：李渊作为唐朝的开国皇帝,其功绩不可磨灭。虽然在位后期,他的权力受到一些挑战,但总体上,他是一位英明的开国君主。

太宗李世民

贞观元年（627）—二十三年（649）

唐太宗李世民生于599年（一说598年），父亲是李渊，母亲是北周皇族窦氏。他从小便接受儒家教育，同时擅长骑射和兵法。李世民可以称得上是李唐王朝中那颗最为璀璨的明星。作为李氏家族的第二代帝王，他在中国历史的长河中留下了浓墨重彩的一笔，被后世尊奉为明君典范、英主楷模。在李唐王朝初创之时，李世民紧随其父李渊，南征北战，不仅亲手终结了隋朝的残暴统治，更逐一平定了各地藩镇的割据势力，有力镇压了农民起义的烽火，最终一统天下，奠定了大唐的基业。

登基为帝后，李世民勤勉于政，广开言路，纳谏如流，赢得了朝野上下的一致拥戴。他深谋远虑，制定了一系列行之有效的治国方略，使得唐朝在政治清明、经济繁荣、军事强盛、文化昌盛的道路上阔步前行，开创了历史上赫赫有名的贞观之治。

帝王之路：从秦王到天可汗

李世民生于隋末乱世，乃唐高祖李渊与皇后窦氏之次子，自幼便沐浴在将门之风中，骑马射箭，无所不能。他更喜研读兵书，少年时便已将《孙子兵法》烂熟于心，常与父亲谈论兵法，智谋日增。

在唐朝建国的烽火连天中，李世民身披战甲，南征北战，立下赫赫战功。他的威名如日中天，大唐的江山有他不可磨灭的功勋。然而，李渊称帝，却遵循立长不立幼之礼，立长子李建成为太子。李世民虽心有不甘，却也深知礼法不可违，只得默默接受，且并未因此消沉，继续为大唐的统一大业披荆斩棘。唯有功勋卓著，方能在这乱世中站稳脚跟。于是，他率领大军东征西讨，每一次战役都亲临前线，指挥若定。他的军事才能和政治智慧，让大唐的疆域日益扩张，他的威望也日益隆盛。

然而，功高震主，李世民的显赫地位，让太子李建成感到了前所未有的威胁。他开始暗中拉拢朝臣，扩充势力，甚至将弟弟齐王李元吉也拉入自己的阵营。李元吉勇猛有余但智谋不足，却也对皇位垂涎三尺。他见李建成势力庞大，便决定投靠于他，共同对付李世民。

李建成深知，要除掉李世民，必须先从其父李渊的后宫入手。于是,他频频向得宠的张婕妤和尹德妃献礼,让她们在李渊面前为自己说好话,同时贬低李世民。而李世民却一心为国,未曾在意后宫的争斗,他曾因拒绝张婕妤父亲的求地之请而得罪了张婕妤;又因手下杜如晦未向尹德妃父亲下马行礼而惹怒了尹德妃。这两位妃嫔,因此对李世民怀恨在心。

武德九年,突厥侵扰边境,李建成趁机向唐高祖建议,让李元吉领兵出征,并企图借此夺去李世民的兵权。他提出,要将秦王手下的猛将尉迟敬德、秦叔宝等人调归自己指挥。这一阴谋被秦王府的谋士房玄龄、长孙无忌等人察觉。一旦李世民失去兵权,将性命难保。于是,房玄龄与长孙无忌密谋,决定先发制人。他们劝李世民,为了大唐的江山及自身的安全,必须铲除太子一党。李世民听后沉吟良久,心中五味杂陈。他念及兄弟之情,不愿骨肉相残,但无奈形势逼人,只得下定决心。

某日,李世民进宫觐见唐高祖,直言不讳:"父皇,儿臣近日得知,太子与齐王暗中勾结,意图谋反。他们不仅拉拢朝臣,还勾结后宫,企图篡夺皇位。儿臣身为秦王,有责任维护大唐的江山社稷,请父皇明察。"唐高祖听后,大惊失色,他万万没想到,自己的儿子竟然会走到这一步。他沉吟片刻,说:"此事关乎重大,朕需仔细调查,你且先退下。"李世民退出宫殿后,立即与房玄龄、长孙无忌等人商议对策。他们决定在唐高祖调查期间先稳住太子一党,同时暗中调集兵马,做好万全之准备。

数日之后,唐高祖召见李世民,面色凝重地说:"朕已查明,太子与齐王确有谋反之意。朕念及骨肉之情,不忍下手,但国法难容。你身为秦王,有何计策?"李世民跪拜在地,斩钉截铁地说:"儿臣愿领兵平定叛乱,为父皇分忧。"于是,李世民率领大军,迅速平定了太子一党的叛乱。他亲手斩杀了李建成,为大唐江山的稳固铲除了一大祸患。

此后,李世民登基为帝,史称唐太宗。他励精图治,开疆拓土,将大唐推向了鼎盛之巅。他广纳贤才,虚心纳谏,使得大唐政治清明,百姓安居乐业。他更以开明的政策,赢得了四海之内的敬仰,被誉为天可汗。

治国盛世:贞观之治的辉煌

即位之初,李世民便力倡偃武修文、节制贪欲、轻徭薄赋、以文治国,旨在铸就李氏王朝的长治久安。

彼时的大唐,因长年战乱与自然灾害的蹂躏,经济凋敝,民不聊生。面对这满目疮痍,李世民展现出非凡的治国魄力与智慧。他身先士卒,倡导戒奢崇简,所居宫殿仍是隋朝旧址,简陋至极。并且,他毅然拒绝大兴土木,将节省的开支用于抚恤伤民。小农经济脆弱如丝，需精心呵护，于是他推行轻徭薄赋，让农民得以休养生息，重建家园。

贞观二年（628），李世民做了一项大胆决定——释放宫女。数千女子重获自由，她们或嫁人生子，或归家团聚，这不仅节省了政府开支，更减轻了百姓负担，顺应了人性之需。同时，他积极与突厥等塞外部落谈判，赎回外流人口，共计二百余万，为国家增添了宝贵的人力资源，也让无数家庭得以团聚。

为增加劳动力，李世民又下诏鼓励民间早婚。他规定男二十岁、女十五岁即可成婚，并把婚姻和户口的增加作为考核地方官员政绩的标准。这一政策极大地促进了人口的增长，到贞观二十三年（649），全国户数激增至三百八十万户，较唐高祖时翻了一番有余。

李世民严厉禁止厚葬之风，要求五品以上官员及勋亲贵族遵行薄葬之制。他的名臣魏徵为官一生清廉正直，家里却简陋至极，只有几间狭小的屋子勉强容身。像这样以节俭闻名的大臣，在贞观朝野比比皆是，房玄龄、杜如晦等，皆心系天下，家中陈设简陋，却满腹经纶。

李世民深知水利乃农业之命脉。他亲自督战，修复了关中、河南等地的旧有渠道，并新修了大量排水和引水工程。关中大旱，他迅速调集人力物力，开凿新渠、引水灌溉，使得旱情得以缓解，农田得以丰收。在他的治理下，大唐的农业生产迅速恢复，百姓安居乐业，喜笑颜开。

李世民时刻以隋朝灭亡为鉴，铭记"民为水，君为舟，水能载舟，亦能覆舟"的道理。他亲自下田耕作，与民同乐、体察民情、爱民如子。在他的治理下，贞观中期，大唐社会发展达到鼎盛，牛马遍野、丰衣足食，夜不闭户、路不拾遗。

唐太宗李世民的治国智慧与卓越成就铸就了贞观之治的辉煌一章。得民心者得天下，他因顾及民生而稳坐皇位，开创了大唐的盛世局面，留下了千古传颂的太平盛世佳话。

君臣佳话：凌烟阁功臣与房谋杜断

凌烟阁位于唐代长安城皇宫内三清殿旁的古朴楼阁内，贞观十七年（643）迎来了它历史上的高光时刻。唐太宗李世民为表彰那些与他并肩作战、共谋天下的功臣，命大画家阎立本在凌烟阁内绘制了二十四位功臣的画像。这些画像栩栩如生，比例真人大小，均面北而立，彰显着对皇权的尊崇。房玄龄与杜如晦这对智勇双全的臣子自然也在其中，并且占据了显赫的位置。

贞观之治，大唐盛世。房玄龄作为宰相，掌管朝政，事无巨细，皆能条分缕析，提出制胜之策。而杜如晦则负责将房玄龄的妙计一一化为现实，他行事果断、不畏权贵，使得朝纲严明、百官敬畏。太宗对二人信任有加，常言："房谋杜断，朕之股肱也。"

房玄龄与杜如晦一谋一断，如同唐太宗李世民手中的两把利剑，锋芒毕露、无坚不摧。贞观之初，天下初定、百废待兴，而朝堂之上暗流涌动。面对错综复杂的局势，李世民仅凭一己之力难以支撑大局，他需要的是能够与他并肩作战的智囊。

一日，朝堂上议论纷纷，关于如何安抚边疆少数民族，众臣意见不一。李世民眉头紧锁，望向房玄龄。房玄龄道："陛下，边疆之事，宜以和为贵。可遣使节，携厚礼前往，晓以利害，许以互市，如此，则边疆可安。"李世民闻言，豁然开朗，当即拍板决定，派使节前往。果然边疆安定，百姓安居乐业。

杜如晦极力主张并推动中央机构的调整与精简。那时候，官员人数众多，工作互相推诿，朝政运行很不顺畅。杜如晦考虑得非常深远，和同僚一起商量对策，最终使得中央机构得到了精简，官员都能各司其职，政府的工作效率也因此大大提高了。

然而，天妒英才，杜如晦英年早逝，让李世民痛心疾首。他亲自为杜如晦撰写祭文，泪洒祭台："杜卿一去，朕失股肱，天妒英才，痛何如哉！"

贞观二十三年（649），李世民病情愈发严重。他开始迷信方士炼制的金石丹药，希望能以此延续生命。然而，这丹药却变成了他的催命符。终于,李世民因服用丹药过量,中毒暴毙,终年五十二岁。

随着唐太宗的离去,一个新的时代缓缓拉开序幕,但贞观之治的精神、房谋杜断的佳话,却永远镌刻在了历史的长河之中。后人在瞻仰凌烟阁时,无不感慨于那段君臣相得、共谋天下的传奇。

李世民档案

姓　　名：李世民

庙　　号：太宗

生卒年份：599年（一说598年）—649年

出 生 地：长安

逝 世 地：长安含风殿（或说翠微宫）

家族背景：出身皇族，父亲李渊为唐朝开国皇帝。

早年经历：少年英勇，随父起兵反隋，屡建战功。唐朝建立后，被封为秦王，领兵平定天下，功勋卓著。

主要政绩：继承皇位后，听取群臣意见，虚心纳谏，推行一系列改革措施，加强中央集权，发展经济，改善民生，使得唐朝国力迅速增强，成为当时世界上最强大的国家之一。

性格特点：英明果断，善于纳谏。心胸宽广，能够容忍不同意见，善于倾听臣下的建议，是一位开明的君主。

历史评价：作为唐朝第二位皇帝，李世民在位期间，国家政治清明、经济繁荣、文化昌盛，开创了唐朝的鼎盛时期。他的政治智慧、军事才能以及开放包容的治国理念，为后世所称颂。

高宗李治

永徽元年（650）—永淳二年（683）

唐高宗李治生于628年，乃唐太宗李世民与长孙皇后之子。李治从小聪明好学，李世民对他十分喜爱，李治在位期间，虽然面临朝中政治斗争的复杂局面，但他能够保持清醒的头脑，稳健地处理政务。他废除了长孙无忌等旧贵族势力，改立武则天为后，这一举措不仅巩固了自己的皇权，也为唐朝的后续发展埋下了伏笔。李治在位期间，唐朝成功攻灭了西突厥、百济和高句丽，使大唐的版图达到了鼎盛。

综观李治的一生，可以说他是一位守成之君。虽然没有赫赫战功，但他以稳健的治国风格和务实的政策，令唐朝得以持续繁荣。

继位之路：从太子到皇帝

在唐朝的皇宫，皇位之争历来都是一场没有硝烟的战争。

唐太宗的十四个儿子中，长子李承乾曾被立为太子，享受着万人之上的尊崇。然而，随着时间的推移，李承乾的荒唐行为让唐太宗心生废黜之意。这一变动，使皇宫内的气氛变得紧张而微妙。四子李泰仗着唐太宗的宠爱，早就有取代长兄之心。他觉得自己翻身的机会来了，于是开始处处小心侍候，讨唐太宗欢心。每当唐太宗召见他时，他总是毕恭毕敬，言辞恳切，努力展示自己的才能和忠心。

贞观十七年（643），唐太宗有意废黜太子李承乾这一消息传出，如同巨石投入平静的湖面，激起了层层涟漪。朝臣纷纷猜测谁将成为新的太子人选。此时，李泰以为自己胜券在握，开始更加肆无忌惮地拉拢朝臣。然而，他却忽略了一个重要的人物——长孙无忌。长孙无忌是长孙皇后的亲哥哥，也是朝中重臣，他的态度对太子人选的确定至关重要。

长孙无忌深知李泰的野心和骄横，他担心一旦李泰继位，朝廷将不得安宁，自己的地位与权势也将岌岌可危。于是，他开始暗中寻找其他合适的太子人选。最终，他的目光落在了晋王李治的身上。李治性格仁孝、行事谨慎，从不与人争锋。他在这场太子之位的争夺中并无太多优势，只能默默等待机会。

然而，命运似乎对他格外眷顾。当唐太宗对李承乾和李泰都心生疑虑时，开始注意到了这个一直默默无闻的儿子。

一日，唐太宗在两仪殿召见了长孙无忌等重臣。会议结束后，唐太宗留下了长孙无忌、司空房玄龄、兵部尚书李勣、褚遂良等人，李治也静静地站在一旁。唐太宗沉吟片刻，终于开口道："我欲立晋王为太子。"长孙无忌听后，心中一喜，正合他意，于是毫不犹豫地说道："谨奉诏！有异议者，臣请斩之。"当李治走进两仪殿时，心中既紧张又激动，他明白这一刻将决定他的命运。唐太宗看着眼前的儿子，缓缓开口道："治儿，朕有意立你为太子，你意下如何？"李治闻言，心中一惊，随即跪倒在地，诚惶诚恐地说道："父皇，儿臣何德何能，敢当此大任？请父皇三思。"唐太宗笑着扶起李治，语重心长地说道："治儿，你虽无长兄之身份，无四兄之权势，但你有仁孝之心，有治国之才。朕相信你，定能担当此大任。"

就这样，李治在长孙无忌等重臣的支持下，被立为了皇太子。李泰得知这一消息后，心中不甘，企图暗中捣乱。然而，唐太宗早已有所防备，他派人将李泰囚禁起来，消除了这一隐患。此后，唐太宗开始倾心教导李治治国之道，让他参与朝政，了解民间疾苦。李治也不负众望，他勤奋好学、虚心求教，逐渐成长为一位合格的储君。

扩大版图：东征西讨，拓疆万里

李治即位之初，便展现出了对边疆事务的极大关注。一个强大的帝国，必须有稳固的边疆作为支撑。于是，他将目光投向了西方，那里是西突厥的势力范围，也是唐朝通往中亚的重要通道。

显庆二年（657），李治下定了决心，要彻底解决西突厥的问题。他派遣大将苏定方率领唐军出征，一场惊心动魄的征服之战就此拉开序幕。苏定方智勇双全，他率领唐军长途跋涉，穿越茫茫戈壁，直捣西突厥的老巢。西突厥的可汗阿史那贺鲁原本以为唐军远道而来，必定疲惫不堪，于是率军迎战。然而，他万万没想到，唐军虽然长途跋涉，但士气高昂，战斗力极强。两军一交战，西突厥便溃不成军，阿史那贺鲁也被俘虏。

这场胜利不仅彻底平定了西突厥的叛乱，更让唐朝的疆域向西延伸到了中亚地区。李治并没有满足于此，他继续派遣军队巩固新开辟的领土，建立了一系列的军事据点，确保了边疆的安全。

紧接着，李治又将目光投向了东方。龙朔元年（661），李治派遣大将刘仁轨率领唐军出征百济。刘仁轨是一位经验丰富的将领，了解海战的重要性，于是精心准备了战舰和水军。在决战中，唐军水军发挥出了巨大的优势，将百济的战舰——

击沉。百济国王扶余义慈见势不妙，仓皇逃窜，最终被唐军俘虏。百济的灭亡，为唐朝进一步征服高句丽扫清了障碍。

随后，李治又派遣大将李勣等出征高句丽。高句丽拥有坚固的城池和骁勇的军队。然而，在李勣等唐将的英勇奋战下，高句丽的防线逐渐被突破。总章元年（668），唐军终于攻破了高句丽的都城平壤，高句丽国王高藏被俘虏。高句丽的灭亡，标志着唐朝对东北地区的完全控制，唐朝的疆域达到了极盛。

皇后之威：武则天的崛起

自武则天被册封为皇后那日起，她的威仪便如日中天，渐渐笼罩了整个大唐宫廷。李治初时还沉浸在与武则天共掌天下的美梦中，殊不知这正是他政治生涯转折的开始。

武则天这位才智过人的女子对权力的渴望远超常人。作为皇后，仅凭宠爱和地位并不足以满足她的野心。于是，她暗中策划，让心腹许敬宗上疏李治，建议依据嫡长子继承制的原则，更换太子。李治本就对武则天言听计从，加之许敬宗的言辞恳切，他欣然采纳了这个建议。显庆元年（656），太子李忠被废为梁王，而武则天的长子李弘则被立为太子。

这一变故让武则天在朝中的地位更加稳固。她本可以就此满足,安享皇后的尊荣,但她对政治的热情却如烈火般炽热。她开始频繁地参与朝政,以她独特的政治眼光和处理方法赢得了李治的赞赏和信任。然而,随着武则天的权势日益增大,李治开始感到不安。

麟德元年(664),李治的心中涌起了一股废后的念头。他秘密召见了宰相上官仪,商量废后之事,并让上官仪草拟了废后诏书。然而,武则天耳目众多,这件事很快就被她得知。她怒气冲冲地找到李治,质问他为何如此对待自己。李治面对武则天的质问,心中惶恐,只好将一切推给了上官仪。最终,上官仪和他的儿子都被处死,就连废太子李忠也未能幸免,被一同处死。

这次废后的失败让李治彻底失去了对朝政的掌控,他无奈地将武则天推向了政治前台。从此,武则天更积极地参与朝政,与李治并称为"二圣"。起初,朝政大事还以李治为主,但随着时间的推移,李治的身体越来越差,而武则天的权势则越来越大。

上元元年(674),李治病重,他不得不将朝政大权完全交给武则天。从此,朝廷以武后执政为主,李治只是名义上的皇帝。他心中虽然不甘,但也无可奈何。

然而,命运似乎并不打算就这样放过李治。上元二年(675),太子李弘突然暴毙,这让他悲痛欲绝。他不得不立武则天的二子李贤为太子。李贤聪慧能干,深受朝臣的赞誉。然而,他与武则天的关系却越来越紧张。

调露二年（680），武则天终于找到了废掉李贤的借口。她派人在东宫搜出了所谓的谋反罪证，将李贤废为庶人。李治无奈，只得另立武则天的三子李显为太子，为了保险起见，又立了李显的儿子李重润为皇太孙。

永淳二年（683）十二月，李治在洛阳的贞观殿病逝，终年五十六岁。他留下遗诏，令太子即位，并让宰相裴炎辅政。其实他也明白，朝政大权早已落入了武则天的手中。文明元年（684），李治的灵柩被运回长安，葬于乾陵。他的一生，前半生受父亲唐太宗的影响，后半生则完全笼罩在武则天的威仪之下。他试图逃脱这种影响，但最终却悲哀地发现，自己早已无力回天。

李治档案

姓　　名：李治

庙　　号：高宗

生卒年份：628年—683年

出 生 地：长安

逝 世 地：洛阳贞观殿

家族背景：出身皇族，父亲李世民为唐朝第二位皇帝，即唐太宗，母亲长孙氏为唐太宗的皇后。

早年经历：作为嫡子，自幼受到良好教育，深受父亲喜爱。唐太宗在位时，被封为晋王，后立为皇太子，参与朝政，积累了一定的政治经验。

主要政绩：李治继承皇位后，继续推行"贞观之治"的施政方略，维持国家稳定。在位时扩大版图、加强交流、发展文教，使唐朝强盛，为开元盛世奠基，并改革朝政，提升治理能力。

性格特点：性格温和，仁慈宽厚，善于倾听臣下的意见。他处理政务时较为谨慎，注重平衡各方利益，但有时也显得优柔寡断，缺乏果断的决策力。

历史评价：唐朝早期一位具有深远影响的帝王，展现出了卓越的治国才华和仁政理念，使得国家繁荣昌盛。虽然后期朝政有所变化，但他开拓疆土、巩固政权，为唐朝的长期繁荣奠定了坚实基础，其历史地位与贡献不容忽视。

女皇武则天

天授元年（690）—神龙元年（705）

女皇武则天生于624年，祖籍并州文水（今山西省文水县）。她的传奇人生从十四岁踏入后宫成为唐太宗的才人开始，就注定了不平凡。太宗驾崩后，武则天被迫入感业寺削发为尼，这段经历对她来说无疑是人生的低谷。然而，命运并未就此放弃她。唐高宗即位后，对她念念不忘，将她召回宫中，并封为昭仪。凭借过人的才智和手腕，武则天在后宫中逐渐崛起，最终在永徽六年（655）经过"废王立武"一事成功登上皇后宝座。

成为皇后的武则天并未满足于后宫之尊，而是以更加坚定的步伐走向权力的巅峰。她改革科举制度、提拔寒门才俊，打破门阀贵族的垄断；加强中央集权、削弱地方势力，使得朝廷政令畅通无阻。她的治国方式虽然铁腕，但却极富成效，使得唐朝在她的统治下保持强盛。

武则天的一生充满了传奇色彩和争议，而她勇于突破传统束缚，具有非凡的胆识和魄力，成为中国历史上唯一的女皇。

女皇之路：从才人到则天皇帝

武则天出生在并州文水的一个官宦家庭，自幼便对诗书礼乐有着浓厚的兴趣。十四岁那年她被选入皇宫，成了唐太宗李世民的才人。初入宫时，武则天满怀憧憬，以为凭借自己的才貌和才智定能在宫中脱颖而出。事实上，后宫的生活远比她想象的要复杂得多。太宗身边佳丽众多，她虽得宠一时，却很快便被淹没在了人海之中。但她并未因此气馁，反而更加用心地观察着宫中的一切，学习着如何在这个复杂的环境中生存。

太宗晚年，身体日渐衰弱，武则天也逐渐意识到，自己在宫中的未来似乎并不明朗。就在这时，一个意外的机会降临到了她的头上。太子李治，那个在太宗病榻前悉心照料、温文尔雅的青年，竟然对她产生了情愫。两人虽未明言，但彼此间的感情却已悄然滋生。

太宗驾崩后，按照宫中的规矩，没有子嗣的妃嫔都要被送往感业寺削发为尼。武则天也不例外，她含泪告别了这座金碧辉煌的宫殿，踏入了青灯古佛的生活。

就在武则天几乎要被岁月遗忘的时候，命运的转机再次降临。李治即位后，对武则天念念不忘。他利用一次前往感业寺进香的机会，与武则天重逢。两人相见，泪眼婆娑，互诉衷肠。李治感受到自己不能失去这个女人，于是决定将她接回宫中。

回宫后的武则天不再像以前那样默默无闻。她利用自己的聪明才智和美貌迅速赢得了高宗的宠爱。同时，她也开始暗中布局，为自己上位而铺路。后宫之中，没有永远的盟友，也没有永远的敌人。只有不断地壮大自己的力量，才能在这个残酷的环境中生存下去。

当时，后宫中王皇后与萧淑妃争宠不断。武则天巧妙地利用了这一点，她主动接近王皇后，表示愿意与她结盟共同对付萧淑妃。王皇后起初对武则天有所戒备，但武则天却用一番真诚的话语打动了她："皇后娘娘，妾身深知在这后宫之中生存不易，我们何不联手共抗强敌？"王皇后听了武则天的话，心中一动，便答应了她的提议。然而，武则天心中却有着自己的打算。她一边与王皇后结盟，一边暗中收集萧淑妃的把柄。终于，在一个关键的时刻，她突然反戈一击，将萧淑妃拉下了马，并将收集到的证据呈给了高宗。高宗大怒，下诏废黜了萧淑妃。而王皇后却万万没想到，自己竟然也被武则天算计了进去。

永徽六年，高宗下诏废黜王皇后，立武则天为皇后。册封那天，武则天身着华丽的皇后服饰，站在高宗身边，接受着群臣的朝拜。

成为皇后的武则天并未满足于此。她开始逐步插手朝政，与高宗并称为"二圣"。她经常在朝堂上发表自己的见解，提出许多富有建设性的意见。高宗对她的才智和胆识赞赏有加，越来越依赖她。

随着时间的推移，高宗的身体日渐衰弱，而武则天则逐渐成为朝廷的实际掌权者。她改革朝政、选拔贤能，打击门阀贵族，使得唐朝在她的统治下呈现出了一片繁荣的景象。终于，在上元元年（674），高宗下诏称武则天为"天后"，武则天正式成了与高宗并肩的帝王。此后，她以更加坚定的步伐走向了权力的巅峰。

酷吏政治：武则天时期的特务统治

在武则天的统治下，酷吏政治与特务统治交织成一张庞大的网，将整个国家笼罩在一片恐怖与不安之中。正是这看似残忍的手段，为武则天巩固了权力、稳定了政局。

要巩固自己的统治，就必须掌握朝野上下的动态，及时发现并清除潜在的威胁。武则天在朝中设立了四个大铜匦，专门用来收集告密文书。这四个大铜匦分别代表不同的告密渠道，任何人都可以投书告密。这一举措迅速在民间掀起了告密之风，告密者如潮水般涌来，他们或为了升官发财，或为了报私仇，纷纷将矛头指向那些他们视为的"异己"。

为了鼓励告密，武则天不仅给予告密者驿马和五品官待遇，还规定告密属实者升官赏赐，不实者也不追究。这一政策无疑为那些心怀叵测之人提供了绝佳的机会，他们开始肆意诬告，制造冤案，整个国家陷入了混乱之中。

在告密之风的盛行下，一批批酷吏如雨后春笋般涌现出来。他们以其残忍的手段和狠毒的心肠，成了武则天手中的利器。其中，最臭名昭著的莫过于来俊臣。来俊臣本是个乡村无赖，但因告密有功，被武则天提拔为侍御史。他凭借武则天的宠信，开始大肆迫害政敌，制造了一桩又一桩的冤案。

来俊臣为了显示自己的"能干"，与御史侯思止等人勾结，召集流氓数百人，让他们去告密。他们想诬陷某个人时，就采取多人同时告发的方式，然后由来俊臣亲自办案。来俊臣创造了名目繁多的审讯酷刑，如"玉女登梯""凤凰晒翅"等，这些酷刑令人闻风丧胆。他还造了十号大枷，每一种都代表着一种极其残忍的刑罚。

在他的"努力"下，一批批无辜者被冤杀或流放，朝野上下人人自危。来俊臣不仅审案有一套，还擅长撰写，他撰写的《罗织经》就是教人如何去罗织罪名、陷害杀人的。这部书在当时广为流传，成了一些心怀不轨之人的"宝典"。

在来俊臣等酷吏的协助下，武则天开始对李唐宗室和元老大臣进行大规模的清洗。李唐宗室是酷吏打击的主要对象，他们不甘心先帝的事业落在非李唐宗室女性的手里，对武则天充满了仇视。然而，反抗越激烈，打击越沉重。在武则天的默许下，酷吏对李唐宗室展开了血腥的屠杀，宗室子孙除李显、李旦及其子女尚能保全外，其余的大多被杀、自杀或流放。

同时，元老大臣也未能幸免。他们以李唐家族的老臣自居，对武则天的倒行逆施深恶痛绝。然而，他们的反抗在酷吏的残酷镇压下显得如此无力。宰相的班底在武则天的酷政下剧烈变动，许多人被杀或贬流。

武则天的酷吏政治虽然残忍无情，却是她统治的"法宝"。铁血政治手段加上她本身残忍的性格，使她成功地巩固了自己的权力、稳定了政局。

神龙政变：归葬乾陵留无字碑

长安四年（704）冬，寒风凛冽，武则天卧病迎仙宫，身侧唯有宠臣张易之、张昌宗侍奉。此二人恃宠而骄，不仅宫中专横，还插手朝政，势力如日中天。朝中文武大臣对此忧心忡忡，议论纷纷，生怕女皇一旦驾崩，二张祸乱朝纲。

宰相崔玄暐看在眼里，急在心里，他上疏武则天，恳请太子李显与相王李旦入宫侍疾，以防不测。他直言不讳道："宫禁为重地，异姓人不宜久留，望陛下三思。"武则天看过奏疏，并未采纳崔玄暐的建议，只道："卿之厚意，朕心领了。"

张易之、张昌宗见武则天病情日重，心中也是忐忑不安。他们明白：自己的权势全赖武则天撑腰，一旦女皇驾崩，他们将失去一切。于是，他们开始暗中结交朝官，寻求自保之道。

此时，宰相张柬之、桓彦范、敬晖、袁恕己、崔玄暐五人正秘密筹划一场政变。他们曾受名相狄仁杰临终托付，誓要倒武复唐。五人暗中联络，蓄势待发，只待时机成熟。

张柬之知道禁军无比重要，于是将亲信杨元琰调入京城，任羽林将军。杨元琰早有心匡复李唐，与张柬之不谋而合。随后，张柬之又任用桓彦范、敬晖等人为羽林将军，把握禁军大权。这一套行动下来，令张易之、张昌宗心中起疑。他们奏请武则天，让自己的亲信武攸宜担任右羽林大将军，以稳固自己的地位。他们未曾料到，一场政变已经悄然酝酿。

神龙元年（705）正月，张柬之等人率领羽林兵五百余人，悄然来到玄武门。他们派遣李多祚等人前往东宫，迎接太子李显。此时，武则天正在迎仙宫休养，张易之、张昌宗闻讯而出，却被张柬之等人迅速斩首。

随后，众人簇拥着太子李显步入长生院，士兵与众臣环绕四周，严阵以待。武则天在昏睡中突然被惊醒，她睁开眼，只见眼前剑戟森森，心中不由一惊，厉声问道："何人胆敢作乱？"张柬之躬身施礼，沉声说道："张易之、张昌宗意图谋反，臣等奉太子之命,已将其就地正法。因事态紧急,怕走漏风声,故未敢事先奏明陛下。臣等在宫禁之中动兵,实属万不得已,罪该万死!"

武则天听罢,心中涌起一股复杂的情绪。她万万没想到,自己防备多年,最终还是未能避免这场政变的爆发。她深知自己已无力挽回局面,只得无奈地叹了口气,再次昏睡过去。

次日,武则天强撑病体,下诏命太子监国,并大赦天下,以安人心。朝臣也纷纷出谋划策,力求稳定局势。武则天再次下诏,正式传位给太子李显。李显登基为帝,即唐中宗,他再次大赦天下,昭雪往日冤案,释放那些被籍没为奴的子女。

此后,武则天被迫迁往上阳宫闲居。她内心的失落与无奈难以用言语表达。神龙元年十一月,武则天在上阳宫仙居殿中凄冷地闭上了眼睛,结束了她传奇而又波澜壮阔的一生。临终前,她留下遗诏:去帝号,称则天大圣皇后,归葬乾陵,与唐高宗合葬。

神龙二年(706)正月,武则天的灵柩在唐中宗的护送下运回长安,与唐高宗合葬在乾陵。因武则天临终遗诏不许立传,只树碑一块,上无文字,故称"无字碑"。

武则天档案

姓　　名：武则天

生卒年份：624年—705年

出 生 地：并州文水

逝 世 地：洛阳上阳宫

家族背景：出身士族，后入宫为唐太宗才人，唐高宗李治皇后。

早年经历：十四岁入宫，太宗驾崩后入感业寺为尼，后被唐高宗召回，封为昭仪，逐步崛起于后宫。

主要政绩：登基后，改革科举，提拔寒门之士，打破门阀贵族垄断；加强中央集权，削弱地方势力，政令畅通。她以铁腕手段治国，极富成效，使唐朝保持强盛，为后世留下传奇女帝之名，并开创唐朝新局面，影响深远。

性格特点：坚毅果决，聪慧机智，胆略过人。善于洞察时局，运用权术，在男性主导的政治舞台上脱颖而出。

历史评价：武则天统治时期，政治体制得以革新，中央集权加强。虽手段强硬，宫廷斗争不断，但对唐朝政治发展影响深远，历史地位不可忽视。

中宗李显

嗣圣元年（684）

神龙元年（705）—景龙四年（710）

唐中宗李显生于656年，乃唐高宗李治与武则天之子。他生长于皇室，耳濡目染之下，对治国之道亦有所悟。然其人生之路却颇多波折，曾两度登基，历经废立。

初登大宝时，李显年少轻狂，未能稳固朝纲，不久便被母后武则天废黜，流放至房州（今湖北省房县）。这段流放生涯，对他而言是极大的磨砺，也让他更加珍惜来之不易的皇位。神龙元年，张柬之等人发动政变，武则天被迫传位，李显再次登基，是为唐中宗。再次为帝的李显体会到皇位来之不易，因此更加勤勉治国。他注重民生，轻徭薄赋，使得百姓安居乐业。然而，李显在位期间亦有不少遗憾。他过于宠信韦后及安乐公主，导致朝政腐败，官场贪风盛行。加之他性格懦弱，未能有效遏制韦后一党的势力，为后来的唐隆政变埋下了伏笔。

李显虽非雄才大略之君，但亦非昏庸无能之辈。他勤勉治国、心系百姓，为唐朝的繁荣稳定作出了自己的贡献。只可惜，他未能完全摆脱家族阴影，他的时代最终成为唐朝历史中的一段过渡时期。

坎坷人生：两度登基与中间的流离

弘道元年（683）冬，寒风凛冽中，洛阳城内传来了一声沉重的哀钟，高宗驾崩，遗诏命太子李显枢前即位。这皇位对李显而言，却如同悬在头顶的利剑，时刻让他胆寒。他曾目睹两位身为太子的兄长的悲惨下场，那份对皇权的恐惧与不安，如影随形。

即位之初，李显尚能保持小心谨慎，对母后武则天言听计从，生怕一不小心便步了兄长的后尘。但随着皇权的诱惑逐渐侵蚀他的心智，那份小心谨慎逐渐被他抛诸脑后。他开始自作主张，提拔亲信，甚至妄图挑战武则天的权威。

嗣圣元年（684）的春天，还未等李显的皇位坐热，武则天的雷霆之怒便如暴雨般降临。她将李显从皇位上拉下，废为庐陵王。那一刻李显的眼中充满了惊愕与不甘，他怎么也没想到自己竟会如此轻易地成为皇权斗争的牺牲品。

废黜后的李显被发配到了偏远的房州。那里的生活艰苦异常，与他曾经的皇宫生活形成了鲜明的对比。他常常在夜深人静时望着窗外的月光，回忆起曾经的荣华富贵，心中充满了无尽的苦涩。在房州的岁月里，李显仿佛被世界遗忘了一般。他眼睁睁地看着朝中风云变幻，武则天登基称帝，改国号为周，李唐宗室子弟被杀戮无数。每一次听到这些消息，他的心都会颤抖不已，生怕下一个轮到的就是自己。

圣历元年（698）的春天，一道来自洛阳的诏书如同春风一般吹散了他心中的阴霾。武则天在继承人问题上最终选定了他，命他回洛阳，他再次被立为太子。那一刻，李显知道自己终于有了翻身的机会。

回到洛阳后，李显变得更加小心谨慎。毕竟自己只是武则天手中的一枚棋子，随时都可能被抛弃。为了稳固自己的地位，他开始积极与武氏家族拉拢关系，甚至将自己的女儿嫁给武氏子弟，以此来换取武则天的信任。

即便如此，李显的地位仍然岌岌可危。一方面，他要面对仍然保留帝号的母亲武则天及武氏家族的威胁；另一方面，韦后的强悍擅权也让他感到头疼不已。他被夹在了中间，左右为难。

终于，在一场密谋已久的政变中李显再次被拥立为皇帝。这一次，他不再是那个轻狂无知的少年，而是经历了风雨洗礼的成熟帝王。他明白：只有小心谨慎、如履薄冰，才能在这复杂的政治环境中生存下去。于是，他开始了自己的第二次帝王生涯。

风云再起：韦后及安乐公主干政

李显复位之后本欲大展宏图，重振唐室雄风。命运似乎总爱与他开玩笑，将他推向了一个又一个旋涡之中。这一次，不是外敌入侵，也不是权臣跋扈，而是他身边最亲近的人——韦后与安乐公主，她们悄然掀起了另一场风暴。

京兆万年县杜陵的名门之后韦氏，自李显被废之时便与他同甘共苦。那份在逆境中相互扶持的情谊，让李显对韦后充满了感激与信任。但随着李显的再次登基，韦后的野心也逐渐膨胀。她不再满足于仅仅作为皇后站在李显身后，而是渴望站在权力的巅峰，与李显并肩，甚至超越他。安乐公主作为韦后与李显的掌上明珠，自幼便娇生惯养，养成了随心所欲的个性。她美丽聪慧，却也刁蛮任性。随着年岁的增长，她对权力的渴望丝毫不亚于其母。她渴望像武则天一样，成为掌控天下的女皇。

韦后与安乐公主的干政之路始于对朝政的逐渐渗透。她们利用李显的懦弱性格，悄悄在朝中安插自己的亲信。韦后的兄弟、子侄纷纷被委以重任，安乐公主的丈夫武崇训也因其妻的关系而平步青云。朝堂之上，韦、武集团的势力日益庞大，而李显却浑然不觉，甚至在某些时候还成了她们操纵的傀儡。

韦后不仅干预朝政，还公然卖官鬻爵，将朝廷官职视为自家私产。她大肆收受贿赂，将那些阿谀奉承、溜须拍马之人提拔至高位，而那些正直不阿、敢于直言进谏的官员则被她排挤打压。安乐公主也不甘示弱，她以自己的美貌和才情为资本，与朝中权贵勾结，为自己谋取私利。

更为严重的是，韦后与安乐公主还觊觎皇位。安乐公主曾多次向李显提出，要求李显立自己为皇太女，继承皇位。这一要求无疑是对李显权威的挑衅，也是对传统宗法制度的颠覆。李显对此犹豫不决，他既害怕韦后与安乐公主的势力，又不愿违背祖制。

在这样的背景下，朝堂之上暗流涌动。一些正直的官员开始站出来公开反对韦后与安乐公主的干政行为，他们上疏李显，揭露韦、武集团的罪行，请求皇帝严惩不贷。然而，这些上疏往往被韦后拦截下来，甚至那些敢于直言的官员还遭到了打压和迫害。李显对此束手无策，他既无法遏制韦后与安乐公主的野心，也无法挽回自己失去的权威。

在这场权力的斗争中，李显仿佛成了一位被动的旁观者。他看着韦后与安乐公主一步步走向权力的巅峰，却无力阻止。韦后策动朝臣为唐中宗奉上开元神武皇帝的尊号，随后，又暗示群臣为她加封昭德之尊，韦后便成了顺天昭德皇后。

悲情结局：糕饼毒亡留憾终

唐隆元年（710）六月，长安城内的空气中弥漫着一种不祥的气息，一场宫廷内的阴谋正在悄然酝酿。曾经被命运捉弄，却又奇迹般重登皇位的李显最终未能逃脱命运的再次捉弄，以一种惨烈的方式结束了自己的生命。

李显对韦后与安乐公主母女二人的企图并非毫无察觉，但他性格懦弱，对她们的种种行径只能睁一只眼闭一只眼。他能够重登皇位已是万幸，不愿再因小事而引发宫廷动荡。然而，他的退让并未换来安宁，反而让韦后与安乐公主的野心更加膨胀。

那日，李显如往常般在神龙殿中批阅奏章。夏日的午后，阳光透过窗棂洒在案牍之上，格外刺眼。李显感到腹中有些饥饿，便命人取来一些糕饼充饥。这糕饼是韦后亲手所制，说是特意为他准备的，李显心中一暖，便毫无防备地食用起来。然而，糕饼刚入口不久，李显便感到一阵剧烈的腹痛袭来。他捂着肚子，脸色瞬间变得苍白如纸。身边的侍从见状，慌忙跑去请御医，而李显则痛苦地倒在龙榻之上，豆大的汗珠不断从额头渗出。

韦后得知消息后，心中虽有一丝慌乱，但很快就镇定下来。她深知，此刻绝不能露出马脚。于是，她故作镇定地来到神龙殿，看到李显痛苦的模样，假惺惺地询问病情，并命人加快寻找御医的步伐。

御医赶到后,却对李显的病情束手无策。李显的腹痛愈发剧烈,他挣扎着想要说些什么,却只能发出痛苦的呻吟。韦后站在一旁,眼神中闪过一丝不易察觉的狠厉。这一切都是她和安乐公主以及马秦客、杨均等人合谋的结果。那糕饼中早已被掺入了剧毒之物。

随着时间的推移,李显的病情愈发严重。他七窍流血,最终在一片痛苦与绝望中闭上了眼睛。一代帝王就这样以一种惨烈的方式结束了自己的生命。

李显的死讯传出后,整个长安城都陷入了震惊与哀悼之中。对韦后和安乐公主来说,这是一个绝佳的机会。她们迅速封锁了消息,对外宣称李显是因病暴亡。同时,韦后还暗中操控朝政,立年幼的李重茂为帝,自己则以皇太后的身份垂帘听政,实际上掌握了整个大唐的实权。

纸终究包不住火。李显中毒身亡的真相很快便传遍了朝野。那些曾经被韦后与安乐公主欺压的大臣纷纷站出来指证她们的罪行。而李显的弟弟李旦与太平公主也联手发动了政变,最终诛杀了韦后与安乐公主及其党羽。

李显的一生充满了坎坷与波折。他两度登基,却又两度被命运捉弄。最终,这位"和事天子"以一种惨烈的方式结束了自己的生命,成为宫廷斗争的牺牲品。

李显档案

姓　　名：李显

庙　　号：中宗

生卒年份：656年—710年

出 生 地：长安

逝 世 地：长安神龙殿

家族背景：出身皇族，父亲李治为唐朝第三位皇帝，即唐高宗，母亲武则天为唐朝女皇帝。

早年经历：曾两度被立为皇太子，其间经历废黜与复位，继位前历经坎坷。

主要政绩：李显继承皇位后，虽在位时间不长，但努力维持国家稳定。在位期间，虽受韦后及安乐公主等势力影响，但仍努力调整朝政，为后来的"开元盛世"奠定了一定基础。

性格特点：性格懦弱，缺乏决断，易受他人操控；宠溺后宫，纵容亲信干政，导致朝政混乱。

历史评价：政治智慧不足，难以独立掌控朝局，成为朝中争权工具。虽两次登基，但未能有效治理国家。

睿宗李旦

文明元年（684）—天授元年（690）
景云元年（710）—延和元年（712）

　　唐睿宗李旦生于662年，祖籍陇西成纪，乃唐高宗李治与武则天之子。初登大宝时，李旦年少而稳重，深知皇位之重，然时局动荡，母后武则天威势正盛，他不得不选择退让，以保全李唐江山。后武则天称帝，他更是被迫退居幕后，历经岁月磨砺。直至武则天晚年，朝局风云再起，李旦于唐隆政变中助力铲除韦、武集团，再次登基为帝。

　　再次登基为帝的李旦，更加珍惜这来之不易的皇位。他注重发展农业，减轻百姓负担，使得国家逐渐从动荡中走向复苏。同时，他也深知家族纷争之害，努力调和宗室矛盾，维护朝廷稳定。可以说，他是一位深谙时务、明哲保身的智者。

唐隆政变：李唐江山重获新生

武则天晚年，朝局动荡不安，如同一艘在风雨中飘摇的巨轮，随时都有倾覆的危险。韦后及安乐公主野心勃勃，她们企图效仿武则天，掌控朝局，将李唐宗室置于万劫不复之地。李旦这位曾一度登基却又被迫退位的皇子，心中对李唐江山的眷恋如同烈火般燃烧。若再不行动，李唐江山将落入他人之手，成为历史的尘埃。

在这危机四伏的时刻，李旦的儿子李隆基正暗中积蓄力量，准备为李唐江山的未来奋力一搏。他知晓父亲的心意，也看到了李唐江山的危机四伏。于是，他开始秘密联络朝中忠臣，策划一场惊天动地的政变。这场政变，不仅是对韦后及安乐公主的挑战，更是对李唐江山未来的抉择。

在这场政变中，李隆基展现出了非凡的胆识和智谋。要成功铲除韦、武集团，必须谨慎行事，不能有丝毫的差错。于是，他秘密联络禁军将领，暗中布置兵力，只待时机成熟，便一举发动。同时，他还得到了兄长李成器的全力支持。李成器身为李旦的嫡长子，本应是皇位的合法继承人，他却深明大义，知道李隆基才是复兴李唐江山的最佳人选。于是，兄弟二人携手并肩，共同策划了这场政变。

唐隆元年（710）六月二十日，夜色如墨，李隆基率领禁军，如猛虎下山般直捣韦后和安乐公主的老巢。经过一场激烈的战斗，韦后和安乐公主被擒获，韦、武集团被彻底铲除。这场政变不仅拯救了李唐江山，更为李旦的复位铺平了道路。

这次政变成功后，李旦在众臣的拥戴下重新登基为帝。他站在皇宫的高台上望着那片曾经属于他的江山，心中感慨万千。李唐王朝经历了多年的动荡，百废待兴，需要一位有魄力、有智慧的君主来引领国家走出困境，走向繁荣。

传位太子：明智择储君

李旦即位之后，朝堂之上一片新气象中却暗流涌动。摆在他面前的第一个难题，便是立谁为皇太子。这不仅是家事，更是国事，稍有不慎，便可能引发一场宫廷风云。

按照祖制规矩，皇太子之位应由嫡长子继承，李旦的嫡长子李成器温文尔雅、品行端庄，是众人眼中的谦谦君子。但在这场皇权的接力赛中，还有一位选手同样引人注目，那便是三子李隆基。李隆基在唐隆政变中立下赫赫战功，他智勇双全，深得人心，是朝野上下公认的英雄。

李旦坐在龙椅上，心中五味杂陈。立嫡长子，是遵循传统、稳妥之举；立三子，是论功行赏、顺应民心。他深知，这个决定不仅关乎家族的荣辱兴衰，更关乎李唐江山的未来走向。

李成器看出了父亲的为难，他深知自己虽为嫡长子，但在才能和功绩上，确实不及三弟李隆基。于是，他做出了一个惊人的决定——主动让贤。他来到父亲的面前，恳切地说道："父皇，儿臣虽为嫡长子，但自知才能有限，难以担此大任。三弟隆基，智勇双全，深得人心，是皇太子的最佳人选。儿臣愿意让出太子之位，以助三弟成就大业。"李旦听后心中既感动又欣慰。他知道，这个决定对李成器来说是十分不易的。同时，他也看到了朝臣的态度，他们纷纷表示支持李隆基为皇太子，认为只有这样才能确保李唐江山的稳固和繁荣。

在深思熟虑之后，李旦终于做出了决定。他昭告天下，立三子李隆基为皇太子。这一决定，不仅赢得了朝臣的拥护和支持，也让李唐江山看到了未来的希望。

立太子之后，李旦并没有闲着。他经常与妹妹太平公主商议国家大事，两人共同商讨朝政，携手治理天下。太平公主虽然身为女子，但才智过人，对朝政有着独到的见解。她常常为李旦出谋划策，帮助他处理朝中的棘手问题。

然而，太平公主心中也有着自己的打算。她看着侄儿李隆基日益成长，心中不免有些担忧。李隆基一旦即位，自己的地位和权力将会受到威胁。于是，她开始在朝中暗中布局，试图削弱李隆基的势力。

李旦对这一切浑然不知，他仍然沉浸在立太子的喜悦中。

他相信只要自己和太平公主齐心协力，就一定能够让李唐江山更加繁荣昌盛。然而，一场暗流涌动的宫廷斗争正在悄然上演。

姑侄斗法：李隆基与太平公主的较量

李旦再次登基为帝后，一场姑侄之间的较量也悄然拉开序幕。太平公主曾助李旦登上皇位，如今权势日益膨胀。她眼中容不得半点沙子，尤其是那位颇有才干的太子李隆基。李隆基非池中之物，若任其发展，日后必将成为自己掌权的绊脚石。于是，她心中萌生了废掉太子的念头，便开始暗中布局，企图一举铲除这个潜在的威胁。

李隆基何尝不知太平公主的野心，他暗中积蓄力量，准备与姑姑一决高下。然而，此时的他还未完全掌握朝堂大权，只能隐忍待发。李旦看在眼里，急在心里。他预感了这场斗争的残酷性，不愿看到李唐江山因姑侄相争而再次陷入动荡。

为了平息事端，李旦采取了和稀泥的策略，试图在李隆基与太平公主之间找到一个平衡点。景云二年（711），他听从姚崇、宋璟的建议，将宋王李成器外放为刺史，同时加强东宫的保卫力量，将太平公主安置到蒲州（今山西省永济市），以削弱她在朝堂上的影响力。

太平公主并未就此罢休，她得知李隆基被命监国后，怒火中烧，曾当面责备李隆基，企图以此震慑他。李旦为了保全姚崇、宋璟，不得已将他们贬到外地任刺史，但这并未能平息太平公主的怒火。

延和元年（712），天空突现彗星，太平公主便趁此唆使术士游说李旦，声称彗星出现预示着陛下将有灾难，而东宫可能是祸源。她本以为这一招能让李旦废掉太子，却没想到李旦反而坚定了传位给李隆基的决心。太平公主见弄巧成拙，只好暂时收敛锋芒，做顺水人情。七月，李旦正式将皇位传给太子李隆基，自己退位做太上皇。然而，这场姑侄之间的较量并未就此结束。

先天二年（713）六月，李隆基和太平公主的斗争到了白热化阶段。若再不行动，李隆基将永远无法掌握朝堂大权。于是，他先发制人，迅速调动兵力，对太平公主的势力展开了猛烈攻击。太平公主措手不及，她的势力在李隆基的雷霆之击下土崩瓦解。李隆基完全控制了局面，李旦也下诏宣布，朝中政事全由皇帝处分，自己不再过问。

这场姑侄之间的较量最终以李隆基的胜利告终。太平公主的失败标志着李唐江山再次回到了正轨。而李旦也在做了四年太上皇后，于开元四年（716）在百福殿安然离世，终年五十五岁。

李旦档案

姓　　名：李旦

庙　　号：睿宗

生卒年份：662年—716年

出 生 地：长安

逝 世 地：长安太极宫

家族背景：出身皇族,父亲李治为唐朝第三位皇帝,即唐高宗,母亲武则天为唐朝女皇帝,兄长为唐中宗李显。

早年经历：曾被封为亲王,后历经波折,几度被废黜后又复位,在复杂的宫廷斗争中逐渐成长,对皇权政治有着深刻的洞察和理解。

主要政绩：李旦继承皇位后,虽然面临诸多挑战和困难,但他以稳健的执政风格,努力维护国家的安定和发展。在位期间,他积极调整朝政,削弱权臣势力,加强中央集权,为后来的唐朝繁荣奠定了坚实基础。

性格特点：生性淡泊,心思剔透。能够顺应时势,灵活应对,既体现了他的政治智慧,也展现了他的生存之道。

历史评价：李旦两次登基为帝,实则权力被武则天牢牢掌控。在他掌控权力后,却懂得适时放手,把机会留给更有能力的人,这种政治智慧使他在复杂的宫廷斗争中得以生存。

玄宗李隆基

先天元年（712）—天宝十五载（756）

唐玄宗李隆基生于685年，乃唐高宗李治与武则天之孙唐睿宗李旦第三子，故又称李三郎，母亲窦德妃。作为唐朝在位时间最长的皇帝，他的传奇人生从年少时展现出的英武之气和敏锐的政治洞察力开始，就预示着他将走上一条非凡之路。

早年间，李隆基历经宫廷风云变幻，目睹皇权的更迭与斗争的残酷。但他并未因此退缩，反而更加坚定了自己掌握命运的决心。在韦后乱政、朝局动荡之际，他毅然决然地挺身而出，发动唐隆政变，成功铲除了韦、武集团，为唐朝的稳定与发展扫清了障碍。

登基为帝后，李隆基勤勉治国。他注重选拔贤能，不拘一格，使得朝廷人才济济；同时，他大力整顿史治，严惩贪腐，使得官场风气为之一新。他推行均田制、改革税制，减轻了百姓的负担，促进了农业生产的繁荣。

李隆基在位期间，唐朝的国力达到了前所未有的鼎盛。他成功平定了突厥、契丹等边疆民族的侵扰，巩固了边疆防御；同时，他还积极开拓海外贸易，加强了与周边国家的友好往来，使得唐朝的国际地位日益提升。他在位后期逐渐怠政，宠信奸臣，导致政治腐败，社会矛盾激化，最终引发了安史之乱，为唐朝由盛转衰埋下了伏笔。李隆基的一生功过参半，他的历史评价也因此变得复杂而多面。

盛世之巅：开元盛世的繁荣

在李隆基的治理下，唐朝迎来了前所未有的盛世——开元盛世。这段历史是唐朝繁荣的顶峰，也是李隆基帝王生涯的辉煌篇章。

一个国家的强盛离不开稳定的政局和清明的吏治。李隆基登基后果断铲除了朝中的奸佞之徒，提拔了一批有才能、有抱负的官员。其中，姚崇、宋璟等人更是成为他的得力助手，共同为唐朝的繁荣稳定贡献着智慧与力量。在他们的辅佐下，李隆基推行了一系列改革措施，使得朝廷上下风气为之一新，政治清明，百姓安居乐业。

开元年间，农业得到了前所未有的发展。农业是国家的根本，是百姓的衣食之源。因此，李隆基大力推行均田制，鼓励农民开垦荒地，提高农业生产效率。同时，他还减轻了农民的赋税负担，使得农民能够有更多的精力投入农业生产中。在他的治理下，唐朝的粮食产量大幅增加，仓库里堆满了粮食，百姓再也不用为温饱问题而发愁。

除了农业，手工业和商业也迎来了繁荣的发展。李隆基鼓励手工业者创新技术，提高产品种类，使得唐朝的手工业品在国际上享有盛誉。同时，他还积极开展域外贸易，加强与周边国家的贸易往来。在当时的长安城，来自世界各地的商人络绎不绝，他们带来了各种奇珍异宝和特色产品，使得长安成为国际贸易的中心。

文化方面，李隆基更是大力倡导儒学，兴办教育。他亲自督学，鼓励士子勤奋学习，为国效力。在他的治理下，唐朝的文化昌盛，学术繁荣，出现了许多杰出的文学家、艺术家和科学家。他们的作品和成就，不仅为唐朝的文化宝库增添了瑰宝，也为后世留下了宝贵的文化遗产。

值得一提的是，开元年间，唐朝的边疆防御也得到了巩固。李隆基加强了边疆的防御力量，成功平定了突厥、契丹等边疆民族的侵扰。在他的治理下，唐朝的边疆地区安宁祥和，百姓能够安心生产、生活。

开元盛世，是李隆基帝王生涯的巅峰时期。在他的治理下，唐朝达到了前所未有的繁荣和强盛。政治清明、经济繁荣、文化昌盛、边疆稳定……这一切的成就,都离不开李隆基的英明领导和辛勤付出。他的功绩将永远铭刻在历史的丰碑之上,成为后世帝王学习的楷模。

安史之乱:盛极而衰的转折点

晚年的李隆基虽然仍紧握朝政大权,但年岁的增长如同秋日的寒风,悄悄侵蚀着他的精力与决断。边疆节度使这个曾一度为唐朝稳定边疆、抵御外敌的制度,如今却如同脱缰的野马,逐渐暴露出其潜在的弊端。节度使手握重兵,地方势力日益膨胀,他们开始有了自己的小算盘,对朝廷的命令阳奉阴违,甚至有的节度使公然挑战朝廷的权威。

其中,安禄山便是这匹最狂野、最不可驾驭的马。他本是胡人出身,却凭借着一股子机智和迎合上意的本事在官场上混得风生水起。他了解李隆基的喜好,总是能投其所好,让李隆基对他青睐有加。就这样,他一步步攀升至朝中权势之巅,统领着北方的重兵,成为朝中举足轻重的人物。李隆基对他更是宠信有加,赐予他无数的荣宠和权势。实际上,这荣宠背后却暗藏着安禄山那不可告人的野心。

天宝十四载(755),一场即将席卷全国的风暴隐藏在平静的表象之下。安禄山以清君侧为借口,率领自己训练有素、装备精良的十五万大军从范阳起兵,一路势如破竹,如同狂风扫落叶般攻下洛阳。随后,他马不停蹄地向长安进军,沿途烧杀抢掠,无恶不作。他的大军所到之处一片狼藉,百姓流离失所,哭声震天。

消息如野火般迅速传遍全国,李隆基在宫中闻讯,震惊得几乎站不稳。他不敢相信,自己如此宠信的安禄山,竟然会背叛自己并发动叛乱。他急忙召集朝臣商议对策,然而,此时的唐军已经腐朽不堪,军纪涣散、士气低落,根本无法抵挡叛军的猛烈攻击。朝臣面面相觑,束手无策。

面对叛军的威胁,李隆基不得不做出艰难的抉择。他深知,长安城已经守不住了,必须尽快撤离。于是,他带着皇室成员和一部分官员在夜色的掩护下匆忙逃往四川避难。逃亡的路上,李隆基的心情沉重至极。他眼睁睁地看着自己一手打造的盛世局面在叛军的铁蹄下化为乌有,心中充满了无尽的悔恨和痛苦。他不断地自责,认为是自己没有过早察觉安禄山的野心,没有及时削弱他的势力,以致今日之祸。

安禄山攻入长安后,对这座曾经繁华的都城进行了大肆的掠夺与破坏。他下令洗劫皇宫,抢夺珍宝,焚烧宫殿,长安城陷入一片火海。百姓四散逃亡,有的被叛军杀害,有的被掳走为奴。长安的人口锐减,城市变为一片废墟,曾经的繁华与喧嚣如今只剩下一片死寂。

李隆基虽然远在四川,却时刻牵挂着长安的安危。他每日都会询问前线的情况,希望有一天能够重返长安,重建家园。然而,他深知这条路有多么艰难,心中充满了对叛军的痛恨和对国家的忧虑。他常常夜不能寐,独自坐在窗边,凝视着远方的天空,心中默默祈祷着大唐能够度过这场劫难,重焕生机。

爱恨交织:杨贵妃与马嵬驿之变

在逃亡的艰难路途中,李隆基不仅要面对叛军的追击,还要承受内心的煎熬。其中最让他难以释怀的便是杨贵妃。这个曾集万千宠爱于一身的女人,此时却成了他心中的一道坎儿。

杨贵妃美丽、聪慧、善解人意,曾是李隆基晚年生活中的一抹亮色。然而,在逃亡的路上,她却成了朝臣口中的祸水。朝臣认为,杨贵妃的存在会激怒军心,引起将士哗变。因此,他们纷纷请求李隆基处死杨贵妃,以平息将士之怒。李隆基知道杨贵妃是无辜的,但她如今却成了替罪羊。他内心挣扎不已,既不想失去这个心爱的女人,又不想让朝臣失望,现实的残酷让他不得不做出决择。

终于,在一个风雨交加的夜晚,他们来到了马嵬驿。李隆基看着眼前的杨贵妃,心中充满了无尽的痛苦和挣扎。这一刻终究还是来了。他默默地转过身，下达了那道残酷的命令。

杨贵妃没有哭闹，也没有求饶。她只是静静地站在那里，眼中闪烁着泪光。她的命运已经无法改变，没有任何怨言。

马嵬驿之变后，李隆基的心境更加悲凉，心中充满了对杨贵妃的思念和愧疚。他开始反思自己的治国理念和政策，试图找到导致叛乱的根本原因，并为唐朝的未来寻找出路。然而，历史的车轮滚滚向前，唐朝的盛世已经不再，李隆基也只能在悔恨与无奈中，看着唐朝一步步走向衰落。

李隆基档案

姓　　名：李隆基

庙　　号：玄宗

生卒年份：685年—762年

出 生 地：洛阳

逝 世 地：长安神龙殿

家族背景：出身皇族，祖父李治为唐朝第三位皇帝，即唐高宗，祖母武则天为唐朝女皇帝，父亲为唐睿宗李旦。

早年经历：年少英武，多才多艺，初封王爵，后历经宫廷政变，成功铲除韦、武集团，拥立其父李旦复位，自己则被立为太子。

主要政绩：李隆基即位后缔造了开元盛世。他励精图治，任用贤能，如姚崇、宋璟等名相，进行了一系列政治、经济、军事和文化改革。

性格特点：宽容大度，英明果断，但也自负荒淫。能够在关键时刻果断出手，维护国家的稳定和统一，晚年逐渐沉溺享乐，导致朝政腐败，国力衰退。

肃宗李亨

至德元年（756）—宝应元年（762）

唐肃宗李亨生于711年，唐玄宗李隆基第三子。李亨成长于唐朝盛世，却亲历了皇朝由盛转衰的巨变。年少时，他便展现出沉稳内敛的气质和敏锐的政治嗅觉，深知皇子责任重大。

安史之乱爆发，唐朝繁荣瞬失，李亨被迫踏上救亡之路。在烽火连天中，他历经艰险，目睹战乱残酷和百姓苦难。于是，他毅然于灵武（今宁夏回族自治区灵武市）即位，肩负起拯救国家的重任。即位后，李亨励精图治，以中兴唐朝为己任。他团结各方力量，重用忠臣良将，如郭子仪、李光弼，收复两京。同时，他努力安抚百姓，减轻他们的负担，赢得了民心。然而，李亨一生也充满无奈和遗憾。他长期处于战乱中，身心俱疲；朝廷内部纷争不断，掌权之路坎坷。尽管他努力中兴唐朝，但未能完全扭转衰势。

灵武登基：平叛安史的中兴之主

天宝十五年（756）五月十四日，马嵬驿这场突如其来的风暴席卷了唐朝的皇权中心。禁军的愤怒如同火山爆发，宰相杨国忠在混乱中被杀，贵妃杨玉环也香消玉殒。在这场"马嵬驿之变"中，太子李亨的身影若隐若现，他与杨国忠的不和早已是朝野皆知。

当时，唐玄宗仓皇离京，随行队伍中太子李亨所率军队竟有大半，其中包括禁军中的精锐——飞龙军。李亨的两个儿子广平王与建宁王在禁军中担任要职，这为李亨提供了难得的机会。远离皇宫，在荒郊野外发动一场政变，似乎已成定局。

李亨的谋划远不止于此，他不仅要铲除杨氏兄妹，更对皇位虎视眈眈。禁军首领陈玄礼的忠诚也出乎他的意料。在诛杀杨氏一事上，两人心照不宣，但杨氏死后，陈玄礼仍坚定地站在唐玄宗一边，确保了他的安全。这场政变虽意在夺权，却未伤及皇帝性命，实属罕见。

政变之后，李亨以平叛中原为由与唐玄宗分道扬镳。天宝十五年七月，他率部抵达朔方军大本营灵武。这里，将成为他新生活的起点。七月十二日，经过一番精心筹备，李亨在灵武南门城楼上举行了一场简朴却意义深远的登基仪式。

登基后，李亨改年号为至德，尊唐玄宗为太上皇。多年的太子生涯险象环生，如今终于画上句号。政敌杨国忠已死，李亨心中虽有怨气，但更多的是对未来的担忧。

灵武这个远离京师的地方成了唐肃宗的新起点。叛军已占据两京，收复失地、平叛之路漫长且艰难。但唐肃宗没有退缩，他深知自己肩负的是国家的未来。他迅速整顿军备，召集将领商讨平叛大计。朔方军的将士对这位新帝充满了敬意和期待。

消息传到叛军占领区，当地军民备受鼓舞。他们看到即使皇帝逃出京师，也有人愿意站出来，举起平叛的大旗。这份勇气决心点燃了他们心中的希望之火，各地纷纷响应，誓死与叛军决战。

借兵回纥：收复两京的艰难历程

安史之乱爆发之初，唐军节节败退，叛军势如破竹。面对如此严峻的局势，仅凭现有的唐军力量难以与叛军抗衡，李亨必须寻找一支强有力的盟军来共同对抗叛军。这时，回纥这个骁勇善战的北方民族进入了他的视野。

回纥大军勇猛善战、骑术高超，是唐朝边疆防御的重要力量。如果能够借到回纥的兵力，那么收复两京的胜算将大大增加。但借兵并非易事，尤其是面对如此强大的盟友，李亨必须拿出足够的诚意和筹码。

为了借兵回纥，李亨派遣了使臣，带着丰厚的礼物和诚意远赴回纥王庭。在使臣的能言善辩和丰厚礼物的诱惑下，回纥可汗终于同意出兵相助，但前提是要得到足够的利益。这是不可避免的代价，但为了收复两京，李亨毅然决然地答应了回纥的条件——收复两京后，土地、士庶归唐，而金帛、子女则归回纥。

借兵成功后，李亨立即着手准备收复两京的战役。他任命郭子仪为天下兵马大元帅，领兵南下，与回纥大军会合。两军会合后，李亨亲自督战，誓要一举收复两京。但收复两京的战役并非一帆风顺。叛军据守坚城，唐军和回纥联军多次攻城未果，伤亡惨重。就在此时，郭子仪提出了一个大胆的计划：他建议利用回纥骑兵的机动性，从叛军背后发动突袭，打乱叛军的阵脚。李亨听后大为赞同，立即下令实施。

计划实施当日，回纥骑兵如鬼魅般出现在叛军背后，发起了猛烈的突袭。叛军措手不及，阵脚大乱。唐军趁机发起总攻，两军夹击之下叛军节节败退，最终弃城而逃。唐军和回纥联军一举收复了长安。

收复长安后，李亨并未停歇。东都洛阳还在叛军手中，收复两京的战役尚未结束。于是，他立即下令整军备战，准备向洛阳进发。

洛阳之战同样异常艰难。叛军依托坚城，负隅顽抗。唐军和回纥联军多次攻城，均未能奏效。在这样的情况下，李亨并未气馁。终于，在一次激烈的战斗中，唐军和回纥联军找到了叛军的破绽，发起了猛烈的攻势。叛军抵挡不住，最终弃城而逃。唐军和回纥联军乘胜追击，一举收复了洛阳。

祸起萧墙：宫廷内斗的暗流涌动

李亨的朝堂本应是平定安史之乱、中兴大唐的指挥中心，却不知从何时起暗流涌动，宫廷内斗如同一场无声的战役。

自鱼朝恩之后，宦官李辅国、程元振等人逐渐崭露头角，他们凭借着肃宗的信任，悄然操纵着军政大权。这些宦官本应是皇宫中的奴仆，如今却成了朝堂上的风云人物，他们的势力日益嚣张，朝臣无不忌惮三分。而李亨却对这一切似乎视而不见。他宠信张淑妃，纵容她干预政事，使得她在朝堂上的影响力也与日俱增。张淑妃野心勃勃，不仅想掌控后宫，更对朝堂上的权力虎视眈眈。

至德二载（757）的正月，朝堂上的气氛愈发紧张。宦官李辅国这个狡猾阴险之人为了巩固自己的地位，开始附和肃宗对张淑妃的宠爱，两人互相唱和，使得张淑妃在朝堂上的地位更加稳固。英勇善战的皇子建宁王李倓多次向李亨奏言李辅国与张淑妃相互勾结,却反被诬奏"恨不得为元帅,谋害广平王"。肃宗大怒之下,赐死了建宁王李倓。这一事件让朝堂上的气氛更加凝重,广平王李豫心中也害怕不已。

乾元元年(758),张淑妃被册立为皇后。然而,宫廷内斗并未因此平息。张皇后与李辅国之间的矛盾日益加深,两人开始明争暗斗。张皇后不满李辅国在朝堂上的势力,更不满他所支持的太子李豫。于是,她心生一计,想废掉李豫,改立越王李系为太子,并计划除掉李辅国和程元振。

李辅国和程元振也察觉到了张皇后的阴谋,开始暗中防备。朝堂上各方势力明争暗斗,气氛愈发紧张。李亨在这场争斗中显得有些力不从心。他受制于张皇后,无法有效控制朝堂上的局势,甚至不能去探望被软禁的唐玄宗。

随着时间的推移,李亨的身体日渐衰弱。他无法再驾驭这艘摇摇欲坠的大唐巨舰,心中充满了无奈和悲凉。而张皇后和李辅国之间的争斗却愈发激烈。

终于,在宝应元年(762)的一天,李亨在病榻上咽下了最后一口气。他的驾崩如同一道惊雷,震动了整个朝堂。张皇后和李辅国之间的争斗,也因为这突如其来的变故而暂时停歇。肃宗的驾崩并没有结束宫廷内斗,相反,它像一颗火种一般点燃了更激烈的争斗火把。太子李豫在李泌等人的辅佐下艰难地登上了皇位,但他面临的是一个千疮百孔、内忧外患的大唐帝国,以及一场更加残酷的宫廷内斗。

李亨在位期间的这段历史成为唐朝历史上一段难以忘怀的黑暗篇章。他的驾崩不仅标志着一个时代的结束,也预示着另一个更加动荡不安的时代的来临。

李亨档案

姓　　名：李亨

庙　　号：肃宗

生卒年份：711年—762年

出 生 地：长安

逝 世 地：骊山华清宫

家族背景：出身皇族，祖父为唐睿宗李旦，父亲为唐玄宗李隆基。

早年经历：李亨年少时便身处宫廷风云之中，经历了多次宫廷政变和权力更迭。初封王爵，后在安史之乱爆发前夕，因父亲唐睿宗禅位，自己被迫即位为帝，即唐肃宗。

主要政绩：李亨即位后，面临的是安史之乱的严峻挑战。他迅速组织力量平定叛乱，虽然过程中历尽艰辛，但最终成功收复了两京，稳定了唐朝的统治。

性格特点：性格沉稳，行事谨慎。在复杂的政治环境中逐渐成长，不敢轻易表露自己的想法和意图。

历史评价：唐肃宗李亨是一位"救时之君"，但非"中兴之主"。他的统治体现了乱世中皇权的挣扎与局限，既有功绩，也有深刻的教训。

代宗李豫

宝应元年（762）—大历十四年（779）

唐代宗李豫生于727年，乃唐玄宗之孙，唐肃宗李亨之子。他成长在唐朝由盛转衰的交织时期，亲眼见证了皇朝的辉煌与动荡，自幼便铸就了沉稳睿智的性格和敏锐的政治洞察力。

安史之乱后，唐朝元气大伤，李豫在风雨飘摇中崭露头角。他亲历战乱，深知国家之痛、百姓之苦，心中怀揣着重振唐朝的坚定信念。唐肃宗驾崩后，李豫登基为帝，肩负起拯救国家的重任。即位之初，李豫便着手整顿朝纲，他重用贤臣，如裴遵庆等，他们共同谋划国家大事，推行一系列改革措施，力求恢复唐朝的繁荣。他深知民心所向，因此减轻百姓负担，努力让人民安居乐业。同时，他还积极与藩镇斗争，试图削弱藩镇势力，加强中央集权。

然而，李豫的帝王之路并非坦途。藩镇割据的问题日益严重，部分藩镇甚至公然抗命，他不得不派遣大军征讨。朝廷内部也是纷争不断，权臣之间的明争暗斗让他头疼不已。尽管他殚精竭虑，力图中兴唐朝，但受限于当时的政治环境和历史条件，他未能完全实现这一宏愿。

平叛余孽：继续安史之乱的善后

在唐肃宗李亨驾崩后，李豫毅然登基为帝，接过了平定安史之乱余孽、重振唐朝的重任。安史之乱虽已过去数年，但其遗留下的祸患却如附骨之疽，难以根除。叛军余孽四处逃窜，或盘踞一方，或流窜各地，继续为祸苍生。若不彻底根除这些叛军余孽，唐朝将永无宁日。

宝应元年(762)，李豫刚刚即位不久，便面临着严峻的考验。叛军首领史朝义在洛阳一带负隅顽抗，企图东山再起。李豫果断决策，任命其子李适为天下兵马元帅，统领大军征讨史朝义。李适不负众望，他率领唐军与叛军展开了殊死搏斗。横水一战，唐军以少胜多，大败叛军，俘虏和消灭了六万多叛军，史朝义仓皇逃窜。

史朝义一路向北，企图寻求外援，但李豫早已料到他的行踪，派遣大军沿途追击。在这场漫长的追击中，唐军面临着无数艰难险阻。有时，他们要在荒无人烟的山地中穿行，忍受着饥饿和寒冷的煎熬；有时，他们要在湍急的河流中渡河，冒着被洪水吞噬的危险。然而，唐军将士始终坚定信念，誓要彻底消灭叛军余孽。

终于，在莫州（今河北省任丘市北鄚州镇），史朝义走投无路，被迫自缢身亡。他的首级被唐军割下，送往长安，宣告了安史之乱余孽的彻底平定。这一消息传遍全国，百姓欢呼雀跃，纷纷庆祝这一来之不易的胜利。

平叛之路并非一帆风顺。在追击史朝义的过程中，唐军内部也出现了分歧。一些将领认为应该乘胜追击，彻底消灭叛军残余势力；而另一些将领则担心长途奔袭，粮草不济，主张班师回朝。若不彻底消灭叛军，他们必将卷土重来。于是，李豫力排众议，决定继续追击。他派遣大将仆固怀恩率领一支精兵，沿途搜捕叛军余孽。

仆固怀恩不负李豫的重托，他率领唐军深入敌后，与叛军展开了殊死搏斗。在一次战斗中，仆固怀恩身先士卒，率领唐军奋勇杀敌。战斗异常激烈，双方都付出了惨重的代价。在仆固怀恩的带领下，唐军最终将叛军残余势力彻底消灭。这场战斗也让仆固怀恩付出了巨大的个人牺牲，他的儿子仆固玢在战斗中丧生。

宦官专权：唐朝中后期的隐忧

李豫的皇位是在宦官李辅国与程元振的拥戴下得以稳固的。他们因拥立有功，深受李豫的宠信。李辅国更是倚仗功勋，气焰嚣张，无论大小事务，群臣皆需先向他禀报。他甚至对李豫放言："陛下只需安居宫中，外事自有老奴处置。"此言一出，李豫心中虽有不悦，但碍于李辅国手握重兵，只得表面给予尊重。

宦官间的明争暗斗并未因此停息。曾迎合李辅国而得以重用的宦官程元振内心早已对李辅国的独断专行不满。他暗中向李豫进谗言，建议惩治李辅国。李豫早有此意，于是借机罢免了李辅国的行军司马之职，将其迁往他处。不久，程元振又奉李豫之命，派刺客将李辅国暗杀于卧房之中。

程元振借此机会扶摇直上，接手了李辅国留下的全部禁军，被册封为骠骑大将军。他对朝廷中任何试图阻碍他夺取权力的官员都极尽诬陷之能事，一定要将其铲除。功勋卓著、地位显赫的名将郭子仪也屡次遭到程元振的诬告。幸而李豫深知郭子仪的忠诚与才干，未受其谗言所惑。

但程元振的专权并未长久。广德元年（763），吐蕃大军入侵，地方官吏连连上疏告急，却被程元振百般阻挠。直至吐蕃攻陷泾州（今甘肃省平凉市泾川县及周边地区），李豫才恍然大悟，不得不起用郭子仪镇守咸阳。然而,程元振却因嫉妒郭子仪,阻挠吐蕃使者进见。结果吐蕃军长驱直入,京城沦陷,李豫惊慌失措,逃往陕州(今河南省三门峡市陕州区)。

此时,朝中有识之士纷纷呼吁惩治程元振。太常博士柳伉上疏直谏,请求斩杀程元振,以谢天下。李豫幡然醒悟,随即将程元振削官为民,逐出京城。但是,宦官专权的阴霾并未因此消散。

程元振之后,鱼朝恩又崛起为宦官之首。他曾任禁卫军指挥使,后又被任命为观军容宣慰处置使,实际上掌控了唐朝大军的统率权。鱼朝恩虽不懂军事,却喜欢妄断军情,企图借此陷害他人。他骄横跋扈,甚至对李豫也毫无敬畏之心。

鱼朝恩的养子曾与同僚发生争执,他竟带着养子入宫见李豫,要求李豫赐给紫衣以提升养子身份。李豫虽心中不满,却也无可奈何。然而,宰相元载却瞅准时机,请求铲除鱼朝恩。李豫应允后,元载收买了鱼朝恩的心腹,将其当场勒死。

鱼朝恩死后,其党羽虽被安抚,但宦官专权的隐患并未根除。宦官势力的庞大与嚣张,已成为唐朝中后期的一大顽疾。李豫虽有心铲除,却也无力彻底改变这一局面。只能任由这股势力在暗中涌动,不断侵蚀着唐朝的根基。唐朝在这股暗流的侵蚀下,逐渐走向衰落。

藩镇挑战：中央集权与藩镇割据

大唐盛世的繁华背后暗流涌动。李豫坐在金碧辉煌的宫殿中，难掩心中的忧虑。藩镇割据如同一把无形的利刃，正悄然割裂着大唐的肌体。

自安史之乱后，各地藩镇如雨后春笋般崛起，他们拥兵自重，割据一方。李豫即位之初，便深知这藩镇之祸非同小可，若不加以遏制，大唐恐将分崩离析。他决心要整顿朝纲，重塑中央权威。

但藩镇势力庞大、根深蒂固，岂是轻易可撼动的？李豫派遣使者前往各藩镇，试图以和平手段说服他们臣服中央。但藩镇节度使各怀鬼胎，阳奉阴违，有的甚至公然抗拒中央的命令。

其中，以河朔三镇最为嚣张。李豫采取了妥协和姑息的政策，他们不仅不听从中央的调遣，还私自扩充军队、征收赋税，俨然成了一个个独立的小王国。李豫对此痛心疾首，若再任由藩镇如此发展下去，大唐将危在旦夕。于是，李豫决定采取强硬手段。他调集大军，准备对河朔三镇进行讨伐。然而，战争并非易事，大军出征，粮草辎重、兵员调配都是巨大的问题。更何况，藩镇之间互相勾结，一旦开战，很可能会引发全面的叛乱。

李豫在朝堂上与众臣商议良久，最终决定先以威慑为主，派遣大军屯驻于藩镇边境，以显示中央的决心和实力。同时，他也暗中联络那些对藩镇不满的势力，试图从内部瓦解藩镇的联盟。这一策略起初颇见成效，一些小的藩镇开始归服中央，河朔三镇也感受到了压力，不敢再轻举妄动。然而，藩镇问题并非一朝一夕所能解决，这是一场持久的较量。

在这漫长的斗争中，李豫耗尽了心血。他日夜操劳，处理政务，同时还要时刻关注藩镇的动向。他的身体逐渐衰弱，但心中的信念却从未动摇。

然而，天不遂人愿。就在李豫努力平息藩镇之祸时，一场突如其来的疾病击垮了他。

李豫档案

姓　　名：李豫

庙　　号：代宗

生卒年份：727年—779年

出 生 地：洛阳

逝 世 地：长安大明宫

家族背景：出身皇族，祖父为唐玄宗李隆基，父亲为唐肃宗李亨。

早年经历：初时，他被封为王爵，于祖父唐玄宗的庇护下，静观朝堂风云变幻。然而，随着安史之乱的爆发，唐朝国运急转直下，他在动荡中崭露头角，于唐肃宗李亨病重之际，承继大统，即位为帝，即唐代宗。

主要政绩：李豫即位后，面临着藩镇割据、边疆不稳等多重挑战。他采取了一系列措施来稳固政权。

性格特点：善于纳谏，任用贤臣。任用杨绾、刘晏、韩滉等贤臣，整饬吏治、漕运、盐政等，致力于安定社会，发展生产。

历史评价：李豫在位期间虽然平定了安史之乱，但未能阻止大唐帝国的衰落，《新唐书》评价他为"盖亦中材之主也"。

德宗李适

建中元年（780）—贞元二十一年（805）

唐德宗李适生于742年，为唐代宗李豫嫡子。他成长于大唐帝国藩镇割据、朝局动荡之时。初涉政坛，李适年轻有为，深知皇位之重，肩上担子之重。代宗驾崩后，他承继大统，登基为帝。即位之初，大唐已不复昔日辉煌，内忧外患交织。李适迎难而上，展现出了坚韧不拔的意志。

他整顿朝纲，加强中央集权，力图削弱藩镇势力。同时，他推行发展农业的政策，力求百姓安居乐业。李适勤勉政事，事必躬亲，常夜不能寐，只为守护大唐江山。在处理宗室关系上，李适更是智慧过人。他深知家族纷争之害，努力调和宗室矛盾，维护朝局稳定。他的明哲保身、深谙时务，赢得了朝野尊敬。

革新失败：两税法的实施与困境

建中元年（780），大唐帝国迎来了一场前所未有的赋税制度改革。李适力排众议，支持杨炎在全国范围内推行了两税法。这一改革旨在以土地和财产为税基，取代原先的租庸调制，实现更公平、更合理的税收分配。

两税法的实施无疑是唐朝历史上的一个里程碑。它摒弃了以往以人丁为课征标准的做法，转而以实际财富的多寡为依据，按照每户的贫富差异来课征赋税。这一变革不仅削弱了封建人身依附关系，更贴合了当时社会经济发展的实际需求。新税法极大地简化了税制，使得租税的征收变得更为便捷，税吏的负担也大大减轻。

李适作为这场改革的直接受益者，亲眼见证了新税法带来的显著成效。实施当年，国家掌握的人口大幅增加，其中新增的一百三十多万户，都是原本不向国家承担义务的"客户"。赋税收入更是激增了一千三百余万贯，国家的财政收入因此得到了极大改善。两税法的颁布使得李唐王朝的全部赋税收入在那一年达到了三千余万贯，这是开元天宝以来最为丰盈的一年。

然而，两税法的实施并非一帆风顺。藩镇势力庞大，他们对两税法阳奉阴违，私自截留税款，使得中央财政并未能如预期那般充盈。更有甚者，一些官员趁机中饱私囊，贪污腐败之风愈演愈烈。李适闻此，怒不可遏，决心要整治这股歪风邪气。他派遣钦差大臣巡察各地，严查贪污腐败，力求将两税法落到实处。然而，藩镇势力盘根错节，官员相互勾结，钦差大臣的调查工作困难重重。更为糟糕的是，两税法的实施触动了部分贵族和地主的利益。他们纷纷上疏反对改革，甚至煽动百姓闹事，使得社会局势愈发动荡。李适对此深感痛心，他明白改革之路从来都不是一帆风顺的。他试图通过妥协来化解矛盾，调整税收政策以减轻贵族和地主的负担。然而，这一举动却引发了更大的争议。

在两税法实行三十年后，一些贪得无厌的官吏开始在定额之外巧立名目，强行征收额外的税费。这些沉重的苛捐杂税使得劳苦大众陷入了生不如死的境地，两税法也因此名存实亡。

尽管如此，两税法的实行仍然具有深远的意义。它加强了李唐中央政府的权威和财政实力，为李适进一步推行新政提供了有力支撑，也坚定了他改革的信心。这场税赋改革，无疑在历史长河中留下深刻印记。大唐帝国在这场改革的波折中，继续着它那风雨飘摇的旅程。

藩镇割据：唐朝衰落的根源

李适端坐于龙椅之上，凝视着那幅布满藩镇割据的地图，心中五味杂陈。大唐江山曾是何等的辉煌，如今却被这些拥兵自重的藩镇割据得支离破碎。大的藩镇占据十几个州的地盘，小的也有三四个州，尤其是河北、淮西的割据势力，更是无法无天。

这些藩镇设文武官员，拥兵自重，不向唐廷缴纳赋税，俨然一个个小朝廷。这种局面若不加以遏制，大唐将危在旦夕。李适即位之初，便立志要削夺藩镇的权力，重振中央的权威。

建中二年（781），成德节度使李宝臣的离世为李适提供了一个契机。按照惯例，节度使的职位和土地应由子孙继承。但李适决意打破这一常规，他拒绝了李宝臣之子李惟岳的继承请求，并命其护父丧入京。同时，他下诏任命张孝忠为新的成德节度使，意图以此削弱藩镇的势力。李适的这一举动，触动了藩镇的敏感神经。魏博节度使田悦、淄青节度使李正己、山南节度使梁崇义，为了共同的利益与李惟岳联手，企图以武力对抗朝廷。一场关乎大唐命运的战争，就此拉开序幕。

战争初期，朝廷军队势如破竹，连连告捷。马燧、李抱真等将领屡建奇功，打得田悦等藩镇节节败退。李适闻状心中大喜，以为平定天下指日可待。他开始飘飘然起来，对藩镇的处理也显得过于急躁。

李适任命成德降将张孝忠为易、定、沧三州节度使，王武俊为恒、冀都团练观察使，康日知为深、赵都团练观察使，又将德、棣二州分给朱滔。这一举措本意是分散藩镇的力量，却没想到激起了更大的反弹。

王武俊对官位不满，朱滔也因未得到富庶的深州（今河北省衡水市深州市）而心怀怨恨。田悦抓住这一机会，派人游说朱滔倒戈。朱滔听信了田悦的话，联合王武俊、李纳等人，共同对抗朝廷。他们自称王、帝，仿照唐朝官制，遍封妻、子、诸将，声势浩大。

同时，淮西节度使李希烈也与四镇勾结叛乱，自称楚帝。从河北到河南，硝烟弥漫，东都洛阳也岌岌可危。李适不得不调兵遣将，前往前线平叛。然而，由于用人不当，导致泾原兵马哗变，李适不得不仓皇逃离长安。

经此一役，李适锐气大伤。他痛苦地认识到自己之前的冒进之举，是导致如今局面的重要原因。他不得不调整对藩镇的政策，由武力转为姑息。他赦免了叛乱的藩镇，表示今后一切待之如初。然而，这一态度的转变，却使解决藩镇问题的大好机会转瞬即逝。藩镇割据成为李唐王朝中晚期积重难返的困局。

泾原兵变：德宗的坚守与反击

建中四年（783），大唐帝国的天空阴云密布，一场前所未有的风暴正悄然酝酿。泾原这个本应是朝廷坚实后盾的边疆重镇，却因粮饷未至令士卒心中燃起了反叛的火焰。他们忍饥挨饿，对朝廷的失望和愤怒如同干柴烈火，一触即发。

泾原士卒高举反叛的旗帜，如同汹涌的波涛直逼长安。唐德宗李适闻讯，心中震惊不已。这场兵变不仅是对他统治的挑战，更是对大唐帝国威严的践踏。然而，此刻的他已无暇多想，只能迅速做出决策，坚守长安。但叛军攻势如潮，长安很快便陷入了混乱。李适在禁军的护卫下，拼死抵抗，却无奈叛军人数众多，士气高昂。眼看长安即将陷落，李适不得不做出一个痛苦的决定——仓皇出逃至奉天。

奉天这个原本宁静的小城瞬间成为大唐帝国的最后一道防线。李适被叛军包围，心中充满了焦虑和无奈。一旦奉天失守，大唐帝国将彻底沦陷。因此，他下令禁军死守奉天，同时派出使者四处求援。在那段被叛军包围的日子里，李适度过了他一生中最艰难的时光。他每日都在焦虑中度过，生怕叛军攻破城池。

终于，在各地勤王之师的奋力拼杀下，叛军被击溃，奉天之围得以解除。李适重新回到了长安，但此时的大唐帝国已经元气大伤。泾原兵变不仅让朝廷的威严扫地，更让李适开始重新审视自己的统治方式。

兵变之后，李适深刻认识到了宦官在朝廷中的重要地位。虽然他们身份卑微，但在关键时刻却能成为皇帝最坚实的后盾。因此，他开始重用宦官，让他们参与到朝政中来，以加强中央集权，削弱藩镇势力。这一决策在一定程度上稳定了朝廷的局势，但也埋下了祸根。宦官的权力逐渐膨胀，开始干预朝政，甚至操控皇帝。

李适在泾原兵变后的日子里更加勤奋地处理政务，试图挽回大唐的颓势。他推行了一系列改革措施，试图振兴朝纲，但无奈大厦将倾，独木难支。他的身体也日渐衰弱，常常感到力不从心。转眼间，李适已步入晚年。他的身体每况愈下，常常卧病在床。他望着窗外的春色，心中充满了对大唐的眷恋和不舍。

贞元二十一年（805）初春的一个清晨，李适在皇宫中驾崩，终年六十四岁。他的一生充满了传奇和波折，经历了泾原兵变的惊心动魄，也见证了大唐帝国的由盛转衰。

李适的驾崩让大唐帝国再次陷入了动荡之中。宦官为了争夺权力开始明争暗斗，朝廷的局势更加混乱。大唐帝国在这一场场风暴中，逐渐走向了衰落的深渊。

李适档案

姓　　名：李适

庙　　号：德宗

生卒年份：742年—805年

出 生 地：长安

逝 世 地：长安会宁殿

家族背景：出身皇族，祖父为唐肃宗李亨，父亲为唐代宗李豫。

早年经历：随着唐朝国势的衰微，特别是安史之乱后的动荡局面，他逐渐开始参与到国家事务中来。在唐肃宗李亨晚年的朝堂上逐渐崭露头角，为后来的即位奠定了基础。

主要政绩：李适即位后，接手的是一个经历泾原兵变、朝廷威严扫地、藩镇势力坐大的唐朝。他面临着内外交困、经济衰退等多重挑战。他重用宦官以加强中央集权，虽然这一决策在后世引发了诸多争议，但在当时确实一定程度上稳定了朝廷的局势。

性格特点：雄心勃勃，急于求成。缺乏周密的战略规划，导致四镇之乱与泾原兵变接连爆发。

历史评价：李适在对外关系上，联合回纥、南诏、大食，打击吐蕃，为元和中兴创造了较为有利的外部环境。然而，由于他的治国失误和性格缺陷，唐朝在他的统治下逐渐走向衰落。

顺宗李诵

永贞元年（805）

　　唐顺宗李诵生于761年，为唐德宗李适嫡子。李诵在太子之位上度过了漫长的二十六年时光，其间他亲身经历了藩镇叛乱的混乱和朝廷大臣的倾轧，逐渐在政治上走向成熟。

　　即位后，李诵立即重用王叔文等人推行改革，史称永贞革新。他试图通过加强中央集权、削弱藩镇割据、打击宦官专权等措施来挽救唐朝的衰落。然而，由于李诵自身健康状况不佳，加之宦官集团的强烈反对，永贞革新最终未能成功，李诵也在同年八月被迫禅位给太子李纯，自称太上皇。退位后的李诵并未能过上平静的生活，他仍然受到宦官集团和旧官僚集团的监视和打压。四个月后，李诵在孤独和绝望中匆匆离世，终年四十六岁。尽管李诵的统治时间短暂，且永贞革新未能成功，但他为改变唐朝政局所做出的努力，以及他在太子期间的谨慎和低调，都值得后世铭记。

短暂在位：改革与病痛的交织

　　唐德宗李适的离世，如同一阵秋风扫过枯黄的落叶，让本已脆弱的唐朝更加风雨飘摇。在这片萧瑟之中，李诵这位久病的太子被命运的洪流推上了皇位。然而，他的皇位却像是一叶孤舟在波涛汹涌的朝堂中艰难航行。

　　李诵因一场突如其来的疾病中风瘫痪，失去了言语能力。当他即位为帝时，身体已经极度虚弱，连处理朝政都需人搀扶。然而，这位病弱的皇帝心中却燃烧着对改革的熊熊烈火。唐朝的衰落源于藩镇割据、宦官专权，只有彻底革新才能挽救这个摇摇欲坠的帝国。

　　李诵即位后，立即重用了一批有志之士，如王叔文、柳宗元等。他们像是一股清新的春风，吹进了沉闷的朝堂。李诵虽然身体病弱，但他却以坚定的眼神和无比的毅力，支持着这场改革。他常常在病榻上召见王叔文等人，与他们共同策划改革的蓝图。

永贞革新：未竟的事业

永贞元年（805），唐朝的朝堂上掀起了一场前所未有的改革风暴。王叔文等人以李诵的名义，以一把锋利的"刀"砍向藩镇和宦官。他们削弱藩镇势力，收回了一些节度使的兵权和财权，让中央对地方的控制更加牢固。同时，他们打击宦官专权，裁撤一些冗员，整顿了朝纲，让朝堂上的风气为之一新。

然而，这场改革却触动了既得利益者的神经。藩镇节度使和宦官集团感受到了前所未有的威胁，他们开始暗中策划反扑。他们利用李诵的病痛和朝臣间的矛盾，制造谣言，诬陷王叔文等人谋反。他们像是一群恶狼，煽动朝臣对王叔文等人的不满情绪，试图将改革派一网打尽。

除此之外，当时一种不良的风气逐渐蔓延开来，那就是节度使、州刺史甚至幕僚等地方官员，通过进奉财物来讨好皇帝，以求得升迁或保持权位。有的每月进贡一次，称为月进；有的甚至每日进奉一次，称为日进。这种进奉之风愈演愈烈，不仅耗费了大量的人力物力，更助长了贪官污吏的嚣张气焰。他们借进奉之名，向人民搜刮财富，使得民不聊生。

唐德宗时期，皇帝每年收到的进奉钱多达五十万缗，少也不下二十万缗。这些大多是百姓的血汗钱，被贪官中饱私囊后，再以进奉的名义献给皇帝。这种行径不仅败坏了朝纲，也严重损害了皇帝的声誉和威信。革新派上台后,深感这种进奉之风必须得到遏制。他们以李诵的名义下令,除规定的常贡外,不许别有进奉。这一举措无疑是对贪官污吏的沉重打击,也是对百姓的极大福音。革新派认为,只有从根本上杜绝这种不正之风,才能恢复朝廷的清明和公正。

然而,李诵的病痛却像是一道无形的枷锁,束缚着他的手脚。李诵无法亲自处理朝政,只能依靠王叔文等人代为执行。这使得改革派在朝堂上的势力逐渐削弱,而反对派则趁机发难。

暗流涌动:顺宗与宦官势力的斗争

随着改革的深入进行,李诵与宦官势力的斗争也日益白热化。一旦改革成功,宦官的权力将被大大削弱。因此,他们不惜一切代价,也要阻止改革的进行。

他们像是一群阴险的毒蛇,利用自己在朝中的势力,煽动朝臣对王叔文等人的不满情绪。他们散布谣言,说王叔文等人图谋不轨,企图篡夺皇位。这些谣言像是一股毒雾,迅速在朝堂上蔓延开来,使得朝臣人心惶惶。

同时,宦官还暗中勾结藩镇节度使,策划了一场阴险的政变。他们计划先废黜李诵,再拥立一位傀儡皇帝,以维护自己的利益。为了达到这个目的，他们不择手段，甚至不惜使用暗杀、毒杀等卑劣手段。

面对宦官的逼宫，李诵虽然心有余而力不足，但他并没有屈服。一旦他退缩，改革必将前功尽弃。因此，他强忍着病痛，与王叔文等人共同谋划应对之策。他们加强了皇宫的守卫，防止宦官发动突然袭击。同时，他们还积极争取朝臣的支持，试图形成一股对抗宦官势力的强大力量。

然而，宦官势力实在太过庞大。他们不仅在朝中有着错综复杂的势力网络，还掌握着皇宫的禁军。这使得他们在政变中占据了绝对优势。尽管李诵和王叔文等人拼尽全力抵抗，但最终还是未能抵挡住宦官势力的汹涌攻势。

在政变的混乱中，李诵被迫禅位给太子李纯。而王叔文等人也被贬谪出京，遭到了残酷的迫害。这场轰轰烈烈的永贞革新，最终以失败而告终。李诵在无尽的遗憾和无奈中，走完了他短暂而坎坷的一生。

李诵档案

姓　　名：李诵

庙　　号：顺宗

生卒年份：761年—806年

出 生 地：长安

逝 世 地：长安兴庆宫

家族背景：出身皇族,祖父为唐代宗李豫,父亲为唐德宗李适。

早年经历：李诵早年不幸中风瘫痪,失去了言语能力。然而,他并未因此放弃对国家事务的关注和参与,在病榻上依然坚持处理朝政,对朝政有着独到的见解。

主要政绩：李诵即位后,重用王叔文等有志之士,共同策划永贞革新。这场改革虽然短暂且未能完全成功,但在一定程度上撼动了藩镇和宦官的势力格局。

性格特点：谨小慎微,宽厚仁慈,具备分辨是非的能力,对朝政事务有独到的见解。

历史评价：李诵即位后,立即推行改革,试图削弱藩镇势力、打击宦官专权、整顿朝纲等。这些改革措施虽然最终未能成功,但在当时具有积极的意义。

宪宗李纯

元和元年（806）—十五年（820）

　　唐宪宗李纯生于778年，乃唐顺宗李诵之嫡子。李纯在太子之位上静待时机，历经数载春秋，即位后，面临着藩镇割据、宦官专权等严峻问题。他重用贤良，致力于削平藩镇、加强中央集权。他先后平定了西川刘辟、镇海李锜、淮西吴元济等藩镇叛乱，使得唐朝在名义上又得以重新统一，史称元和中兴。

　　李纯在位期间还注重改革弊政，减轻百姓负担，鼓励农业生产，使得唐朝经济逐渐复苏。他重视文教，倡导文学，促成了元和文坛的繁荣。然而，李纯晚年迷信方士，追求长生不老，导致性情大变，宦官势力趁机抬头。最终，他在宦官陈弘志等人的谋害下暴崩于大明宫中和殿。

中兴之主：元和中兴的辉煌

即位之初，李纯便面临着藩镇割据、朝纲不振的严峻挑战。各地藩镇拥兵自重，对中央政权构成了前所未有的严重威胁。他们或明或暗地挑战着朝廷的权威，使得唐朝的国运岌岌可危。

面对重重困难，李纯并未退缩。要重振朝纲，恢复唐朝的昔日辉煌，必先削平藩镇，统一全国。于是，一场场削藩之战在李纯的精心策划和指挥下悄然展开。

李纯善于运筹帷幄，对每一个藩镇都进行了深入的研究和分析。他制订了详细的作战计划，既考虑了军事力量的对比，也兼顾了政治、经济等多方面的因素。在用人方面，李纯更是慧眼识珠，他重用了一批忠勇之将，如裴度、李愬等。这些将领在削藩之战中发挥了举足轻重的作用，成为李纯的得力助手。

元和中兴的辉煌，不仅仅体现在军事的胜利上。在经济方面，李纯也推行了一系列有利于农业发展的政策。农业是国家的根本，只有农业繁荣了，国家才能强盛。因此，他减轻了农民的负担，提高了他们的生产积极性。同时，他还兴修水利，改良土壤，使得唐朝的农业得到了空前的繁荣。手工业和商业也在李纯的鼓励下得到了快速发展。他鼓励商人进行贸易往来，促进了商品的流通和市场的繁荣。

在文化方面，李纯更是崇尚儒学，提倡文学创作。他重用文人墨客，为他们提供了广阔的创作空间。元和时期，文坛呈现出了一片繁荣的景象。许多杰出的文学家和诗人如雨后春笋般涌现出来，他们的作品不仅丰富了唐朝的文化宝库，也为后世留下了宝贵的文化遗产。

此外，李纯还非常注重法治建设。他加强了中央对地方的控制，使得朝廷的威严得以重新树立。他严惩贪官污吏，整顿吏治，使得唐朝的政治清明了许多。在李纯的治理下，唐朝逐渐走出了动荡不安的局面，迎来了中兴的辉煌时期。这一时期，唐朝的国力得到了显著提升，人民的生活也得到了明显改善。

削藩之战：平定淮西的功绩

在李纯的削藩之战中，平定淮西的战役无疑是最为艰巨，也最为辉煌的一章，是对唐朝中央权威的一次重大考验。淮西藩镇以其险要的地势和强大的军事力量，长期由吴元济割据一方，对中央政权构成了前所未有的严重威胁。吴元济这位拥兵自重的藩镇首领，不仅拒绝服从中央的命令，还公然挑起战乱，企图以武力抗衡唐朝的统一大业。

面对如此棘手的局势，李纯展现出了非凡的决断力与魄力。若任由淮西藩镇继续坐大，唐朝的统治根基将岌岌可危。因此，他决定派遣大军前往淮西,誓要铲除这个心腹之患。然而,淮西地势险峻、山川纵横,易守难攻,加之吴元济善于用兵,使得唐军在初期遭遇了顽强的抵抗,战事一度陷入僵局,唐军损失惨重,士气低落。面对这一困境,李纯并未选择退缩或放弃。他亲自督战,以身作则,鼓舞士气。他召集将领集思广益,共同商讨破敌之策。同时,他还重用忠勇之将李愬,委以重任,赋予其充分的信任和自主权。

淮西藩镇顽固,因此李愬采取了极为谨慎而巧妙的战术。他先是暗中收集情报,了解敌军的部署和动向,然后制订了周密的作战计划。在一个雪夜,李愬率领精兵强将,悄无声息地突袭了蔡州(今河南省汝南县)。这一战,他运用了出奇制胜的策略,以迅雷不及掩耳之势歼灭了吴元济的叛军,一举打破了淮西藩镇的防线。

这场战役的胜利,不仅彰显了李纯的军事才能和决心,更使得唐朝的威望得到了极大的提升。各地藩镇首领在得知淮西藩镇被平定的消息后,纷纷表示臣服,中央政权得以重新统一。这一胜利,对元和中兴的辉煌起到了决定性的作用。

此外,平定淮西藩镇的战役还对唐朝的军事、政治格局产生了深远影响。它证明中央政权有能力通过军事手段解决藩镇割据问题,增强了朝廷的威信和凝聚力。

宪宗崇佛：皇帝对宗教的态度与影响

元和十三年（818），李纯迎来了他宗教信仰中的一次重大事件。这一年，功德使上疏皇帝，称凤翔法门寺地宫藏有佛指舍利，且据传说，地宫每三十年开启一次，佛骨一出，则岁丰人安。此时，李纯刚刚平定了淮西藩镇吴元济之乱，国家初定，他自然对这样的祥瑞之兆充满期待。于是，他欣然下令，派遣中使前往法门寺迎奉佛骨。

这一消息传出后，整个长安乃至全国都沸腾了。佛教信徒纷纷涌向法门寺，希望能目睹佛骨的圣容。达官显宦也不甘落后，他们竞相施舍财物，以表虔诚。而普通民众更是竭尽所能，有的倾家荡产供奉，有的甚至不惜割肉燃灯，以示对佛祖的崇敬。

然而，在一片欢腾之中，却有人对此表示了强烈的反对。他就是时任刑部侍郎的韩愈。这位以直言敢谏著称的文学家，对李纯迎佛骨的行为深感忧虑。他认为，佛教本是夷狄之法，与中国传统儒家思想相悖。因此，他上疏切谏，写了《论佛骨表》，恳请李纯将佛骨烧毁，以绝后患。

韩愈的上疏无疑触怒了李纯。他愤怒地斥责韩愈狂悖无礼，甚至下令将其处死。幸而宰相裴度、崔群等人极力劝谏，认为韩愈忠心耿耿，只是言辞过激，才使得宪宗最终收回成命，将韩愈贬为潮州刺史。

尽管韩愈的反对未能阻止宪宗迎佛骨的行为，但这一事件却引发了朝野上下的广泛讨论。它不仅揭示了佛教在当时社会中的巨大影响力，也反映了唐朝统治阶层对宗教态度的分歧。

李纯迎佛骨后，整个长安乃至全国都沉浸在一片崇佛的氛围中。佛教寺庙如雨后春笋般涌现，僧侣数量激增，佛教文化也得到了前所未有的传播和发展。然而，这种过度的崇佛行为也带来了不少负面影响。一些不法之徒趁机敛财，甚至以佛教为名行骗，导致社会秩序混乱。同时，过度的崇佛也削弱了儒家思想在朝野上下的正统地位，引发了思想界的混乱。

尽管如此，李纯对佛教的崇敬并未因此减弱。他不仅在长安城内大兴佛事，还派遣使者前往各地名刹古寺烧香拜佛。李纯晚年时期对佛教的过度崇拜，使得他逐渐疏远了朝政事务。他将大量的时间和精力投入到了佛教活动中，导致朝政逐渐荒废，为唐朝的衰落埋下了隐患。

李纯档案

姓　　名：李纯

庙　　号：宪宗

生卒年份：778年—820年

出 生 地：长安

逝 世 地：长安大明宫

家族背景：出身皇族，祖父为唐德宗李适，父亲为唐顺宗李诵，父亲在位期间，他已被确立为皇位继承人。

早年经历：在唐顺宗病重期间，他积极参与朝政，逐渐积累了政治经验。同时，他也对父亲推行的永贞革新有所了解，对其中的得失有着自己的思考。

主要政绩：李纯坚决削弱藩镇势力，使得中央对地方的控制得到加强。他统治的时期被誉为元和中兴，是唐朝后期的一个相对稳定和繁荣的时期。

性格特点：重用贤臣，虚心纳谏，鼓励臣子直言进谏，为唐朝的政治清明奠定了基础。

历史评价：在位期间，凭借刚毅果断的性格和奋发有为的精神，实现了唐朝的中兴。然而，他在后期也犯下了一些错误，导致宦官专权的问题加剧，给自己的统治带来了不利影响。尽管如此，李纯仍然被誉为唐朝自安史之乱后最有作为的皇帝之一。

穆宗李恒

长庆元年（821）—四年（824）

唐穆宗李恒生于795年，唐宪宗李纯的第三子。李恒早年受封为建安郡王，后来又进封遂王。元和七年（812），随着惠昭太子李宁的去世，李恒被册立为太子，获得了皇位的继承权。

即位后，李恒对流放制造丹药的方士表示了决绝的态度，并罢黜了宰相令狐楚、皇甫镈等人，显示出一定的政治决断。然而，他在位期间却纵情享乐，沉迷于宴游和声色之中，对朝政大事疏于管理，导致宦官势力日益膨胀，朋党之争也愈发激烈。李恒采用和亲、会盟等手段，与周边少数民族保持和平关系，增进了唐朝与各民族的交流和贸易。但在内政上，他推行的销兵之策却使得被裁撤的兵士生活无着，纷纷啸聚山林，加剧了社会的动荡。

李恒在位仅四年，因服食金丹而暴毙，谥号为睿圣文惠孝皇帝，但后世对他的评价却颇为复杂，多认为他是一位有志而无能的皇帝，他的统治时期也是唐朝由盛转衰的一个重要阶段。

❀ 享乐皇帝：耽于游乐的统治

即位之初，李恒便迫不及待地暴露出了他对游乐的狂热追求。登基大赦的余音未了，他便急不可耐地召集一班歌舞艺人，在丹凤门内演绎起杂戏来。那时，先皇唐宪宗的丧仪尚未完结，宫廷内外还沉浸在一片哀痛之中，而他却已沉醉在歌舞升平之中，将国家重任、黎民苍生全然抛却于脑后。

未几，皇太后迁居兴庆宫，这本是宫廷中的一件大事，却成了李恒纵情欢宴的绝佳借口。他率领六宫侍从，浩浩荡荡地前往兴庆宫，摆设了一场盛大的宴席。酒香飘溢，欢声雷动，整个宫廷都沉浸在一片欢腾之中。宴后，他又兴致勃勃地前往神策右军，对亲信将领慷慨赏赐，金银珠宝、绫罗绸缎，仿佛天下的财宝都任他挥霍。自此以后，李恒对游乐的痴迷愈发难以自拔。他每隔三日必前往神策军一次，观赏手搏与杂戏，那热闹非凡的场景让他忘却了帝王的使命和责任。他还在宫中大兴土木，筑起了永安殿、宝庆殿等巍峨壮丽的宫殿。每当新殿竣工之际，他总要在那里观赏百戏，尽情欢娱，仿佛这天下就是他私人的乐园，可以任意挥霍和享受。

除了对宫殿的热爱，李恒对寺院也情有独钟。他斥巨资修缮京城内的各大寺院，金碧辉煌的佛像、雕梁画栋的殿堂，无不彰显着他的奢华和虚荣。他甚至特邀吐蕃使者前来参观，以此炫耀大唐的国力和繁荣。然而，这些寺院却成了他逃避现实、沉溺享乐的避风港。

此时，边疆并不太平，西北少数民族频频侵扰，局势日益紧张。但李恒却对此视而不见，一心只沉浸在游乐之中。某日，他突然下旨，声称要前往华清宫游玩，傍晚即归。大臣闻讯后，纷纷在延英殿外跪谏，恳请他以国家为重，不要轻易离宫，但李恒却固执己见，执意要行。次日清晨，他率领浩浩荡荡的队伍，从大明宫出发，向华清宫进发。那日的游玩直至夜幕降临才结束，他满载欢愉回宫，却全然不顾边疆的烽火连天和天下的忧患重重。

李恒的享乐之心已达到了极致。他常与优伶、戏子厮混在一起，对他们挥霍无度地赏赐。那些赏赐皆是百姓的血汗钱，但他却视而不见，只为一时的欢愉和满足。他的行为引起了朝野上下的不满和担忧，但他却置若罔闻，继续沉迷于享乐之中。

唐穆宗李恒这位年华正盛、意气风发的天子，却将大好时光沉浸在无尽的享乐之中。他的统治，宛如一场奢靡而短暂的梦幻，令人扼腕叹息，也让人深刻反思。

河朔再叛：藩镇问题的回潮

元和年间，宪宗李纯励精图治，历经十四年坚苦卓绝的斗争，终于平息了安史之乱后形成的藩镇割据局面，海内一片晏然，呈现出一派中兴景象。然而，好景不长，李恒的即位标志着大唐王朝又迎来了一段动荡不安的时期，其中最引人注目的便是河朔三镇再次反叛，藩镇问题回潮。

李恒即位之初，面对的是一个看似平静，实则暗流涌动的局面。宪宗时期苦心经营的统一局面，在李恒手中开始摇摇欲坠。李恒性格懦弱，贪图享乐，对国家大事漠不关心，朝政逐渐疏于管理。这种放任自流的态度，为藩镇的反叛埋下了伏笔。

长庆元年（821），河朔三镇之一的卢龙节度使刘总突然向朝廷请求出家为僧，并申请一百万缗资金用于打赏所属将士。这一举动看似突兀，实则暗藏玄机。刘总深知卢龙藩镇内部矛盾重重，自己难以驾驭，于是选择急流勇退，希望朝廷能够妥善安置。朝廷对刘总的请求十分重视，经过慎重考虑，决定委任前宰相张弘靖为卢龙节度使。

然而，张弘靖的到任并未给卢龙带来和平与稳定。他出身显贵，为政宽和，但在卢龙这个胡化多年的地区，他的行事作风却显得格格不入。他出行坐轿，深居简出，很少与军府将吏沟通交流。更为严重的是，他所聘用的幕僚韦雍等人，年少轻狂，嗜酒豪饮，经常克扣将士钱粮，动辄打骂体罚士卒，称呼他们为"反虏"，极大地伤害了将士的感情。

终于，在一件小事的触发下，卢龙军府爆发了兵变。一名小将因受韦雍侮辱，与其发生争执，被张弘靖关押惩治。这一举动激起了将士的强烈不满，他们纷纷鼓噪喧嚷，拥向帅府，将张弘靖家中财物、女人抢掠一空，还把他抓起来关到了驿馆。而幕僚韦雍、张宗元、崔仲卿等六人则被愤怒的士兵当场杀死。

兵变发生后，朝廷震惊不已，急忙采取措施平息事态。然而，此时的朝廷已无力挽回局势。卢龙军府在老将朱洄的推荐下，拥立其子朱克融为节度使。朱克融借唐廷销兵政策侵犯藩镇利益为由，爆发了地方叛乱。随后，成德节度使王承宗病故，其子年幼，将领便想在本镇中挑选节度使。参谋崔燧打着王承宗祖母凉国夫人的幌子，拥立王承宗的兄弟王承元为节度使。然而，王承元深知自己无力掌控局势，秘密上疏朝廷，请求另行委派节度使。

与此同时，与卢龙、成德两镇邻近的魏博也人心惶惶。朝廷派去帮助平叛的将领田布，因军饷不足，只能调动魏博藩镇的钱粮发放军饷，引起了魏博将士的强烈不满。大将史宪诚暗中教唆士兵造反，最终魏博在将士的鼓噪下，宣布恢复藩镇以往的自治方式，表明了魏博不再受到朝廷约束。

至此，河朔三镇再次反叛，藩镇问题回潮。穆宗李恒面对这一局势感到束手无策。他既无能力，也无决心去解决这一问题，只能眼睁睁地看着大唐王朝再次陷入分裂与动荡之中。穆宗在位期间，除了用和亲、会盟等手段勉强维持边疆的安定外，对藩镇叛乱这一核心问题，几乎毫无作为。他统治时期，成为唐朝由盛转衰的一个重要转折点。

皇权旁落：穆宗与宦官专权

李恒在宦官梁守谦、王守澄等人的支持下顺利登上皇位之时，并非他政治生涯的起点，而是宦官专权时代的开端。李恒即位之初，对宦官还保持着一定的警惕，但随着他对政务的逐渐懈怠，以及宦官在宫廷中的势力日益膨胀，这种平衡逐渐被打破。

在宦官专权之下，李恒对政务的荒废达到了极点。他整日沉迷于享乐之中，对朝政几乎不闻不问。李恒特别喜欢打猎，经常带着侍卫和百官在郊外追逐野兽，甚至因此荒废了朝政。宦官对李恒的影响远不止于此。他们不仅控制了朝廷的决策权，还逐渐掌握了皇帝的生死大权。有一次，李恒在宫中玩击球游戏时，一个宦官不慎落马，李恒受了惊吓，大病一场。这次事件成为宦官专权的一个重要契机。他们趁机控制了李恒的生活起居，甚至对他的医疗决策也进行干预。李恒在病中，对宦官言听计从，完全失去了对朝政的控制。

更为严重的是，宦官开始插手皇帝的继承人问题。他们利用李恒对政务的厌倦和对宦官的依赖，开始扶植自己的亲信作为未来的皇帝人选。这种局面使得朝廷内部的权力斗争更加激烈，也加剧了唐朝的衰落。

除了政治上的阴谋和斗争外，宦官还利用自己的权势在宫廷内胡作非为。他们贪污受贿、欺压百姓、残害忠良，无恶不作。李恒虽然对此心知肚明，却无力改变这一局面。他只能眼睁睁地看着宦官在宫廷内横行霸道，而自己却无能为力。

最终，李恒在宦官的操控下结束了自己短暂而荒诞的一生。他留下的皇位被年幼的儿子李湛所继承，而宦官专权的局面却愈演愈烈。李恒的一生如同一场充满权力斗争、宫廷阴谋与个人荒淫无度的荒诞剧，而宦官专权则是这场剧中最为浓重的一笔。

李恒档案

姓　　名：李恒

庙　　号：穆宗

生卒年份：795 年—824 年

出 生 地：长安

逝 世 地：长安清思殿

家族背景：出身皇族，祖父为唐顺宗李诵，父亲为唐宪宗李纯。

早年经历：李恒早年虽未如其父般早早展现其出众的政治才华，但在父亲的熏陶和培养下，对朝政亦有所涉猎。在唐宪宗病重期间，他开始逐步接触并参与到朝政事务中，逐渐熟悉了宫廷政治和权力运作。

主要政绩：政绩乏善可陈，宠信佞臣，疏远忠良，使得朝政腐败加剧。李恒在位期间，宦官势力进一步膨胀，王守澄等宦官掌控朝政，排斥异己，使得唐朝的宦官专权问题更加严重。

性格特点：昏庸好色，纵情享乐。宴乐过多，畋游无度，完全不顾及国家的安危与百姓的疾苦。

历史评价：历史上的评价多为负面，被后世称为昏君或游戏皇帝。欧阳修在《新唐书》中评价他"失德"，认为他昏庸无能，败坏了祖宗基业。

敬宗李湛

宝历元年（825）—三年（827）

唐敬宗李湛生于809年，是唐穆宗李恒的长子，母为恭僖皇后王氏。李湛在位期间，并未展现出一位明君应有的风范。他沉迷于游乐，对朝政事务漠不关心。击鞠（也称打马球）是他的一大爱好，他常常在宫中组织马球比赛，乐此不疲。此外，他还热衷于打夜狐，即夜间狩猎狐狸，以此为乐。这些荒淫的行为，使得朝政日益混乱，大臣难以进见，国家大事无人过问。

宦官王守澄在此期间趁机把持朝政，与李逢吉等权臣勾结，排斥异己，败坏朝纲。他们利用李湛的昏庸无能大肆敛财、贪污腐败，使得唐朝的政局愈发严峻。

李湛的荒淫生活并未持续太久。宝历二年（826），他在宫中饮酒作乐时被宦官刘克明等人杀害。这位年轻的皇帝就这样在荒诞和混乱中结束了自己短暂的一生。李湛死后，被追谥为"睿武昭愍孝皇帝"，庙号敬宗，葬于庄陵。他所统治的时期是唐朝历史上的一段黑暗时期,朝政混乱、宦官专权,国家日益衰败。他的荒淫无度和短命而亡,成为后人深刻的教训。

少年天子:嬉戏无度的皇帝

李湛自小便被赋予了皇族的荣耀与期待。作为唐穆宗李恒的长子,他的命运似乎早已注定,将在未来的某一天登上至高无上的皇位。长庆四年(824),年轻的李湛在父亲驾崩后接过了唐朝的江山。这位少年天子却并未如人们所期待的那样展现出一位明君的风范,相反,他以一种近乎顽童的方式开始了自己的统治生涯。

李湛对朝政毫无兴趣,他的心中只有嬉戏与玩乐。宫中的马球场成了他最常光顾的地方。每当阳光明媚,他便会召集群臣举行一场场激烈的马球比赛。他身手矫健、骑术精湛,在球场上纵横驰骋,仿佛将整个天下都抛诸脑后。除了马球,李湛还对一种名为打夜狐的游戏情有独钟。夜幕降临,他便会带着一群宦官和侍从在宫中四处搜寻狐狸的踪迹。每当发现狐狸的踪影,他便会兴奋地追逐而去,完全不顾及自己的皇帝身份。

朝政的荒废随着李湛的嬉戏日益严重。大臣忧心忡忡,奏章如雪花般飞来,却无人过问。朝堂之上,宦官结党营私、贪污腐败，将整个朝廷弄得乌烟瘴气。他们利用李湛的嬉戏无度，趁机把持朝政，为自己谋取私利。而李湛却对此视而不见，甚至有时候还会纵容他们的行为。他对朝政的漠不关心，使得朝廷中的正义之士也感到寒心，纷纷选择明哲保身，不再过问朝事。

李湛在位期间还曾要求禁军的将士陪他嬉戏，这一行为严重扰乱了宫廷秩序。他无视禁军的职责与训练，将大量时间和精力浪费在无谓的享乐之中，导致禁军军心涣散，战斗力下降。同时，这一行为也加剧了朝廷内部的矛盾，禁军的将士对李湛的荒淫无度感到极度不满，宦官也因受到他的苛责而心生怨恨。李湛的这一举动，不仅是他个人昏庸无能的体现，也为唐朝的衰落埋下了隐患。

李湛的嬉戏无度，不仅让朝臣失望，也让百姓苦不堪言。国家的政事无人过问，民生问题日益严重。百姓生活在水深火热之中，而李湛却沉浸在自己的嬉戏世界中，无法自拔。他的行为，无疑是在加速唐朝的衰败和灭亡。

更为严重的是，李湛的嬉戏无度还引发了朝廷内部的动荡。一些有野心的宦官看到了机会，开始密谋篡权。他们利用李湛的昏庸无能，逐渐掌握了朝廷的实权。其中，宦官刘克明更是野心勃勃，他暗中结党，准备发动政变、夺取皇位。

荒诞行为：天子的另一面

皇宫本应是一个庄严、肃穆的地方，是皇帝处理国家大事、接见群臣的场所。然而在李湛的统治下，皇宫变成了一个充满欢声笑语、灯火通明的游乐场。他沉迷于各种娱乐活动，从早到晚，乐此不疲。击球、宴饮、摔跤、拔河……每一种游戏都让他沉醉其中，忘却了身为天子的责任。

在这样的环境下，皇宫的防备自然变得松懈。一些心怀不轨之人看到了这个可乘之机，便开始冒充太监混进宫里。这些人身体健全，却甘愿舍弃男儿之身，只为皇宫中的荣华富贵。他们混吃混喝，大行违法之事，甚至打起了皇帝妃子的主意。

刘克明这个假太监长得英俊潇洒，能说会道，很快就赢得了宫女的欢心。他利用自己的魅力，勾引了一位又一位宫女，玩弄了数十位之后，仍不满足。他的目光，最终落在了李湛的妻子董淑妃身上。

董淑妃年轻漂亮、温婉贤淑，是李湛的宠妃。但由于李湛的贪玩和荒淫，她时常被晾在后宫，寂寞难耐。刘克明看准了这个机会，便开始了他的阴谋。他利用自己的职位之便，接近董淑妃，用甜言蜜语和温柔体贴赢得了她的芳心。很快两人便勾结在一起，背地里干起了苟且之事。

李湛对此毫无察觉，他仍然沉浸在自己的玩乐世界中。他哪里知道，自己的妻子已经和别人有了私情。然而，纸终究包不住火。有一天晚上，李湛心血来潮，决定在黑暗中狩猎。他手持弓箭，骑着马在皇宫内院穿梭。突然，他看到了一个身影在黑暗中晃动，便一箭射了过去。那身影应声而倒，李湛走近一看，竟然是刘克明。

原来，刘克明这晚正在和董淑妃厮混。没想到，李湛竟然一箭射中了他。虽然李湛是无心的，但刘克明却心有余悸。他觉得自己和董淑妃的私情可能已经败露，李湛随时可能会对自己下手。慌乱之下，刘克明说自己是来保护皇帝安全的，这才碰巧赶上了。他心中充满了恐惧和不安，知道自己不能坐以待毙，必须先下手为强。于是，他联合自己的同伙，开始密谋杀害李湛。

宦官弑君：宝历时期的政治斗争

宝历时期无疑是一段充满动荡与阴谋的黑暗时期，这段历史中最为惊心动魄的一幕莫过于宦官弑君。少年天子李湛在宦官刘克明等人的精心策划下结束了自己短暂而荒诞的统治生涯，也揭开了宝历时期政治斗争的序幕。

在众多宦官中，野心勃勃、心机深沉的刘克明看准了李湛的昏庸无能，开始暗中策划一场惊天阴谋。要想掌握朝廷的实权，就必须除掉李湛这个绊脚石。于是，他开始联合一批心腹宦官，秘密筹备政变事宜。

宝历三年（827）的冬天，寒风凛冽，大明宫内却是一片灯火通明。十二月初八的夜晚，一场精心策划的政变悄然发生。这一天，李湛像往常一样在外狩猎归来后与宦官刘克明、田务澄等人饮酒作乐。酒过三巡，李湛已经有些醉意，他摇摇晃晃地站起身，准备去内室解手。就在这时，刘克明等人看准时机，突然熄灭了殿内的烛火，整个大殿陷入了一片黑暗。黑暗中，刘克明等人迅速行动起来，他们手持利刃，悄悄摸进了内室。李湛毫无防备，正在解手之际，突然被宦官从背后突袭。一阵刀光剑影之后，这位少年天子倒在了血泊之中，结束了自己短暂而荒诞的一生。

政变后，刘克明等人并没有立即公开李湛的死讯，而是伪造了一道圣旨，谎称李湛暴毙而亡。他们企图以此掩盖真相，稳定朝局。同时，他们还拥立了宪宗的第六子绛王李悟为帝，企图通过控制新帝来掌握朝廷的实权。

但刘克明等人的阴谋并未得逞。枢密使王守澄等宦官得知消息后，立刻意识到这是一场政变。他们迅速召集禁军，准备发动反击。宝历三年十二月初九的清晨，大明宫内鲜血飞溅，一场激烈的战斗爆发了。禁军全体而出，与刘克明等人的叛军展开了殊死搏斗。战斗异常惨烈，双方你来我往，互不相让。

经过激战，刘克明一党逐渐不敌禁军，节节败退。最终，在禁军的猛烈攻击下，刘克明等人被全部斩杀，绛王李悟也被废黜。

政变平息后，王守澄等人亲自赶往皇族聚居地——十六宅，迎请江王李涵入宫即位。这就是后来的唐文宗李昂。唐文宗即位后，立即对朝廷进行了大刀阔斧的改革，试图铲除宦官专权的祸根。然而，由于宦官势力根深蒂固，改革并未取得显著成效。

这场宦官弑君的政变不仅结束了李湛的统治生涯，也彻底揭开了宝历时期政治斗争的序幕。宦官在这场斗争中扮演了至关重要的角色，他们利用手中的权力，操纵着朝廷的局势，甚至不惜发动政变来夺取政权。而李湛的嬉戏无度和昏庸无能则为宦官提供了可乘之机。

李湛的死让人们深刻认识到了宦官专权的危害。他的悲剧不仅是个人命运的写照，更是唐朝后期政治斗争残酷无情的缩影。

李湛档案

姓　　名：李湛

庙　　号：敬宗

生卒年份：809年—827年

出 生 地：长安

逝 世 地：长安皇宫内

家族背景：出身皇族,祖父为唐宪宗李纯,父亲为唐穆宗李恒。

早年经历：李湛早年沉浸在宫廷的享乐之中,对朝政事务并不十分上心。父亲病重期间,他不得不开始逐步接触并参与到朝政事务中。

主要政绩：李湛统治时期,唐朝的中央政权逐渐削弱,地方势力愈发强大。这是唐朝后期一个相对平庸和衰败的阶段。他的荒淫无度和对朝政的忽视加速了唐朝的衰落进程。

性格特点：贪玩享乐,喜怒无常。对朝政轻视,处理政务随意,对国事漠不关心。

历史评价：在位期间,沉迷享乐、不理朝政,导致朝纲混乱、国家衰败。尽管他未行虐政,但荒淫误国,最终落得个被宦官所杀的下场。

文宗李昂

大和元年(827)—开成五年(840)

唐文宗李昂生于809年,是唐穆宗李恒的次子,母为贞献皇后萧氏。李昂性格恭俭儒雅、悲悯仁慈,自幼深受儒家思想熏陶,对政治有着独到的见解和理想。

长庆元年(821),李昂被封为江王。宝历二年(826)十二月,在宦官王守澄等人的支持下,年仅十八岁的李昂即位称帝,改年号为大和。即位后,李昂勤政爱民、厉行节俭,对宦官专权深恶痛绝,一心想要铲除宦官势力,恢复初唐时中央朝廷的权威。然而,李昂的治国理想却屡遭挫折。他重用宠臣李训、郑注等人,企图通过政变消灭宦官势力,发动了著名的甘露之变。失败后,李昂遭到宦官软禁,失去了对朝政的控制权。此后,唐朝的政治更加黑暗,官员和宦官争斗不断,唐朝社会逐渐走向没落。

李昂在位期间,虽然政治黑暗,但他本人仍致力于复兴大唐王朝的荣光。他注重考核官吏，革除奢靡之风，下令停废许多劳民伤财之事。同时，他还命京兆府造水车，配给郑白渠附近百姓，以灌溉水田，改善民生。

李昂闲暇时以诗书自娱，好为五言诗，著有《宫中题》《暮春喜雨诗》等诗作。然而，他的治国才干和理想最终未能实现。开成五年（840），李昂抑郁而终。李昂的一生是唐朝由盛转衰的一个缩影，他的治国理想和现实无奈为后世留下了深刻的思考。

甘露之变：未遂的夺权行动

自唐德宗以来，宦官势力越来越大，他们凭借着皇帝的宠信，逐渐掌握了朝中的大权。到了唐文宗时，宦官的权势更是达到了顶峰，他们不仅典掌禁军，操控着朝廷的军事力量，甚至能左右皇帝的废立，成为唐朝一股不可忽视的暗流。若不铲除这股势力，大唐江山将永无宁日。李昂深知这一点，他的心中充满了忧虑和愤慨。

大和年间，李昂开始秘密寻找能助他一臂之力的忠臣。要铲除宦官势力，单靠他一个人的力量是远远不够的，他需要一个能够为他出谋划策的忠臣。这时，李训和郑注走进了他的视野。李训以才学见长，他博学多才，智谋过人；郑注则以医术得宠于朝，他深知人情世故，善于察言观色。两人很快成为唐文宗的左膀右臂，为皇帝出谋划策，共同商讨对付宦官的策略。

李昂信任二人，并向他们吐露了心中的隐秘——除掉宦官，重振皇权。李训和郑注听后，心中虽有惊惧，但更多的是对皇上的忠诚和对清明政治环境的憧憬。他们开始精心策划一场夺权行动，目标直指宦官头子仇士良。为了麻痹仇士良，李训故意制造了一起甘露祥瑞的假象。他声称禁卫军大厅后院的石榴树上降了甘露，这是上天赐予大唐的祥瑞。他邀请仇士良前去观赏，企图在观赏甘露之际，发动突然袭击，一举铲除宦官势力。

那是一个看似平静的早晨，朝堂上，李训带领文武百官向李昂庆贺天降甘露，并邀请皇帝亲自前往后院验证。李昂心领神会，他命令李训先去察看甘露的真假。李训装模作样地转了一圈，回来禀报说："甘露似乎不真，请陛下再派人复查。"于是李昂命仇士良带领宦官前往后院复查。

仇士良心中虽有疑虑，但碍于皇命难违，只得带着几个心腹前往后院。然而，当他走到门边时，却发现了异样。禁卫军将军韩约神色紧张，额头上渗出了细密的汗珠。仇士良心中一凛，正欲询问，一阵风吹来，布幕轻动，露出了里面隐藏的兵士和武器。仇士良瞬间明白了一切，他大惊失色，连忙挟持着李昂逃回内宫。

一路上，仇士良心如擂鼓，他明白这是一场生死较量。回到内宫后，他立即派兵关闭宫门，对宰相和朝廷官员展开了屠杀。李训见势不妙，慌忙换上便衣，化装逃走。他一路躲躲藏藏，最终逃到了终南山的寺院里。然而，仇士良的追兵很快便追到了这里，将他团团围住。李训走投无路，只得束手就擒，最终在路上被杀害。郑注的命运也没有好到哪里去。他正从凤翔带兵进京，得知事变消息后，想退回凤翔，却被监军的宦官杀死。

甘露之变以失败告终，李昂从此郁郁寡欢。他已无力回天，只能眼睁睁地看着大唐江山在宦官的手中逐渐衰败。这场未遂的夺权行动不仅未能铲除宦官势力，反而让李昂陷入了更加深重的困境之中。他心中的怒火和无奈只能化作一声声叹息，飘荡在大唐江山的上空。

牛李党争：朝廷的分裂与衰败

李昂是一位在宦官专权与朋党之争的夹缝中苦苦挣扎的帝王，他的时代是唐朝由盛转衰的关键时期，也是牛李党争最为激烈的阶段。这场持续了近四十年的党争，如同一场没有硝烟的战争，将唐朝的朝廷撕裂成两半，让朝野上下陷入了无尽的纷争与动荡。

牛李党争起源于唐宪宗时期的一场科举考试。当时，年轻的牛僧孺、李宗闵等人在考卷中大胆批评朝政，触怒了时任宰相的李吉甫（李德裕之父）。李吉甫利用自己的权势对考官进行打压，牛僧孺、李宗闵等人也因此未能得到重用。这场风波虽未直接引发党争，却在朝臣之中埋下了对立的种子。

唐文宗时期，牛李党争愈演愈烈。牛党以牛僧孺、李宗闵为首，他们大多是科举出身，属于庶族地主，强调选拔贤才，重视科举制度；而李党则以李德裕、郑覃为首，他们大多出身于世家大族，门第显赫，往往依靠父祖的高官地位而进入官场，主张强化中央集权，打击藩镇势力。

李昂即位之初，曾试图调和两党关系，但两党之间的仇怨已经深入骨髓，难以化解。牛党人士利用自己在朝中的影响力，不断排挤打压李党人士。才华横溢的政治家、军事家李德裕曾多次被牛党人士排挤出京，贬谪到地方为官。然而，他并未因此而气馁，反而在地方上励精图治，赢得了百姓的爱戴和朝臣的尊敬。

朝野之上，牛李两党之间的明争暗斗无处不在。他们不仅在政治上相互倾轧，还在经济、军事、文化上展开激烈的竞争。在经济、军事领域，牛党人士主张轻徭薄赋，与民休息；而李党人士则强调富国强兵，开疆拓土。在文化领域，两党之间的分歧也同样明显。牛党人士崇尚文学艺术，注重个人修养；而李党人士则强调实用主义，重视科学技术的发展。

唐文宗时期，牛李党争最为激烈的时刻莫过于维州事件的爆发。当时，吐蕃将领悉怛谋率众投降唐朝，李德裕力主接纳并加强边防，牛僧孺却以维护和平为名主张将悉怛谋及其部众遣返吐蕃。这一决定引起了朝野上下的广泛争议和强烈不满。最终，唐文宗在牛僧孺的压力下，不得不下诏将悉怛谋等人遣返吐蕃。这一事件不仅让唐朝失去了一个重要的战略据点，也让李德裕对牛僧孺的仇怨更加深重。

除了维州事件外，牛李党争还涉及许多其他的政治事件和朝臣的升降沉浮。在这场纷争中，许多无辜的官员卷入其中，他们或因站错队而遭到排挤打击，或因不愿参与党争而被边缘化。朝廷的政务也因此受到了严重影响，许多重要决策被搁置拖延，国家大事无人问津。李昂面对这场激烈的党争和朝臣的纷争，心中充满了无奈与悲哀。牛李党争不仅破坏了朝廷的团结和稳定，也让大唐江山陷入了前所未有的危机之中。然而，李昂却无力改变这一切，他试图用恩威并施的手段来平息纷争，但效果甚微。两党之间的仇怨已经根深蒂固，难以化解。

牛李党争的持续，不仅让唐朝的政治生态变得愈加复杂和动荡不安，也让唐朝的国力逐渐衰微。这场纷争不仅让唐朝失去了许多优秀的政治家和军事将领，也让唐朝的百姓陷入了无尽的苦难和困境之中。最终，在牛李党争的阴影下，唐朝走向了衰败和灭亡的道路。

诗书寄情：壮志未酬憾终生

李昂自幼便对诗书有着浓厚的兴趣。深宫之内，他总能在繁忙的政务之余找到一片属于自己的文学天地。他手捧诗卷，沉浸在古人的智慧与情感之中，时而低吟浅唱，时而沉思默想。

他的五言诗清新脱俗、意蕴深远，如《宫中题》一诗，便道出了他身为帝王的孤独与无奈："辇路生秋草，上林花发时。凭高何限意，无复侍臣知。"这首诗不仅是李昂对宫廷生活的真实写照，更是他内心世界的真情流露。他渴望像古人一样以诗书治国、以文化兴邦，但现实的残酷却让他屡屡碰壁。

李昂即位之初怀揣着整顿朝纲、恢复皇权的壮志。他深知宦官专权的危害，也目睹了前任皇帝被宦官操纵的悲惨命运。因此，他决心要铲除宦官势力，让大唐帝国重新焕发生机。然而，李昂虽然身为帝王，却处处受到宦官的掣肘。他任用的朝臣往往被宦官排挤打压；他提出的改革方案也总是被宦官否决。李昂曾试图通过秘密召见朝臣、商讨对策的方式来削弱宦官势力，但每次都以失败告终。在宦官的严密监控下，李昂的治国理想逐渐化为泡影。他深感自己如同一个傀儡，无法主宰国家的命运。于是，他更加沉迷于诗书之中，试图在文字的世界里寻找一丝慰藉。

开成二年（837），大唐帝国遭遇了一场严重的旱灾。百姓苦不堪言，庄稼枯萎，牲畜渴死，四处弥漫着饥荒和绝望的气息。李昂心急如焚，他深知这场旱灾对国家的危害之大。他亲自下旨，命令各地官员组织救灾，同时也在宫中祈雨，希望上天能够怜悯百姓，降下甘霖。在那段日子里，李昂几乎每天都要在宫中焚香祈雨。他跪在祭坛前，双手合十，眼中充满了虔诚与期盼。他的心中，不仅装着国家的安危，更装着百姓的疾苦。

终于，在开成三年（838）的暮春时节，天空突然乌云密布，电闪雷鸣，紧接着，一场大雨倾盆而下。李昂欣喜若狂，他立刻提笔写下了一首《暮春喜雨诗》："风云喜际会，雷雨遂流滋。荐币虚陈礼，动天实精思。渐侵九夏节，复在三春时。霢霂垂朱阙，飘飘入绿墀。郊坰既沾足，黍稷有丰期。百辟同康乐，万方仰雍熙。"这首诗不仅表达了李昂对这场及时雨的喜悦之情，更寄托了他对国家未来的美好期许。

但这场雨并没有带来长久的安宁。宦官专权的局面依然如故，李昂的治国理想仍然无法实现。他深感自己力不从心，无法改变这个国家的命运。开成五年（840），李昂的身体逐渐衰弱，他常常感到胸闷气喘、头晕目眩，御医虽然竭尽全力为他治疗，但始终无法根治他的病痛。李昂知晓自己时日无多，他躺在病榻上，心中充满了无奈与悲哀。就这样，他在宦官的阴影下郁郁而终。

那一年，李昂年仅三十二岁。他带着未竟的治国理想和对诗书的无限热爱离开了大唐。他谥号为元圣昭献孝皇帝,庙号为文宗,安葬于章陵。他的离世让大唐帝国失去了一位有志于改革的帝王,也让后世的人们为他的才华与命运感到惋惜与哀叹。

李昂档案

姓　　名：李昂

庙　　号：文宗

生卒年份：809 年—840 年

出 生 地：长安

逝 世 地：长安大明宫

家族背景：出身皇族，祖父为唐宪宗李纯，父亲为唐穆宗李恒，兄长为唐敬宗李湛。

早年经历：李昂早年聪慧好学，对朝廷的局势和宦官专权的危害有着深刻的认识。他暗中观察朝局，思考如何改变这种局面，为日后的治国理政积累了思想和经验。

主要政绩：面对宦官专权的严峻形势，他试图通过一系列政治手段来削弱宦官势力，恢复皇权。他重用一些有志于改革的朝臣，如李训、郑注等，并秘密策划对抗宦官的策略。

性格特点：勤政爱民，节俭有德。他裁撤冗员，减轻百姓负担，赢得了朝野上下的好评。

历史评价：他重用李训、郑注等人，发动甘露之变，企图消灭宦官势力，但事败后遭到软禁，政治抱负未能实现，是一位有志向却无力实现、有才华却命运多舛的悲情帝王。

武宗李炎

会昌元年（841）—六年（846）

唐武宗李炎生于814年，唐文宗李昂之弟，唐穆宗李恒与宣懿皇后韦氏之子。在唐文宗病重期间，他积极参与朝政，逐渐积累了政治经验，并最终在唐文宗驾崩后即位为帝，年号会昌。

李炎在位期间，面对唐朝后期藩镇割据、宦官专权、佛教势力膨胀等严峻问题，果断采取措施，致力于改革和振兴国家。他坚决削弱藩镇势力，通过一系列军事和政治手段，成功地平定了河东地区泽潞镇节度使刘稹的叛乱，使得中央政权对地方的控制力得到加强。在经济方面，他推行了一系列有利于民生和发展的政策，促进了唐朝的繁荣。

此外，李炎崇信道教，对当时佛教势力的膨胀感到不满。他认为佛教势力损害了国库收入，于是在道士赵归真的极力鼓动和李德裕的支持下，下令拆毁佛寺，没收大量寺院土地，这一举措在当时引起了巨大反响，史称会昌法难。尽管这一行为在一定程度上扼制了佛教，但也为唐朝政府扩大了税源，巩固了中央集权。

李炎在位七年，他的统治时期被誉为会昌中兴，是唐朝后期的一个相对稳定和繁荣的时期。他知人善任，重用宰相李德裕等贤臣，共同应对内忧外患。然而，晚年的李炎因长期服用方士所炼的金丹，导致身体每况愈下，最终驾崩于长安大明宫。他的去世标志着会昌中兴的结束，但他的改革和振兴国家的努力仍然为后世所铭记。

灭佛运动：会昌法难的背景

会昌元年（841），李炎即位。这位年仅二十六岁的皇帝，自小便对道教充满了浓厚的兴趣。在藩邸之时，他就已经沉迷于道士鼓吹的长生之术，对道教的长生不老、仙丹妙药深信不疑。即位之后，他更是将这种信仰推向了极致，不仅召集道士入宫讲法，还亲自受法箓，修建望仙台，对道教的崇信可见一斑。

与对道教的狂热相比，李炎对佛教的态度则显得极为冷淡，甚至可以说是厌恶。这种厌恶并非空穴来风，而是有着深刻的历史渊源。唐朝前期，佛教得到了皇室的大力扶植，地位显赫。

许多皇帝都信仰佛教，不仅修建了大量的寺庙，还给予了僧侣诸多特权，如免除赋税、徭役等。这些政策虽然促进了佛教的繁荣，但也为后来的灭佛埋下了伏笔。随着时间的推移，佛教的势力逐渐膨胀，寺院经济也随之发展壮大。许多富有的地主为了逃税，纷纷将财产捐献给寺庙；而普通百姓为了逃避徭役，也纷纷加入寺庙。这样一来，寺庙不仅占有了大量的土地和劳动力，还不用向国家交税，严重损害了国库的收入。同时，僧侣还利用特权，从事各种经济活动，如借贷、质举等，进一步加剧了社会矛盾。

到了李炎即位之时，唐朝的国力已经大不如前。安史之乱后，藩镇割据的局面形成，中央政府的权威受到严重挑战。宦官干政的问题也日益严重，朝政混乱不堪。在这种内忧外患的形势下，李炎急需找到一种方法来振兴唐朝，而佛教的过度膨胀无疑成了他眼中的一颗钉子。就在这时，道士赵归真等人趁机向唐武宗进言，大肆宣扬佛道不能并存，佛教的存在会威胁到皇帝修炼成仙。唐武宗本就厌恶佛教，再加上赵归真等人的煽动，更加坚定了他灭佛的决心。于是，一场轰轰烈烈的灭佛运动就此拉开序幕。

会昌二年（842），李炎开始下令没收寺院财产，并强制不守戒律的僧侣还俗。这一举动虽然规模不大，却向佛教界发出了明确的信号：新皇帝并不喜欢佛法，佛教的繁荣时代即将结束。一年后，唐武宗更是直接下达了杀沙门令。这一命令的起因是谣传有藩镇的奸细假扮僧人藏在京师，于是京兆府在长安城中大肆搜捕僧人，许多无辜的僧侣因此丧生。据记载，仅在这一次行动中，就有三百余名裹头僧被打杀而死。

接着，唐武宗进一步加大了灭佛的力度。他下令不许供养佛牙、佛骨，禁止在寺院中安置佛教经、像，甚至焚烧佛经、拆毁佛像。这一系列措施无疑是对佛教的沉重打击，使得佛教徒人心惶惶。

然而，灭佛运动的高潮还没有到来。会昌五年（845），唐武宗下达了最为严厉的灭佛敕令。他规定，西京长安只能保留四座寺庙，每寺留僧十人；东京洛阳留两寺，其余节度使治所共三十四州留一寺，其他刺史所在州不得留寺。其他寺庙全部拆除，僧尼皆令还俗。这一命令的执行力度之大、范围之广，前所未有。据统计，在这次灭佛运动中，全国共拆除寺庙四千六百余所，招提寺、兰若寺等小寺院四万余所，强迫还俗的僧尼有二十六万余人，没收良田数千万顷。

这场灭佛运动虽然给佛教带来了沉重的打击，但也为唐朝的国库增加了大量的收入。没收寺院土地和财产使得政府税收大增，同时也增加了纳税人口，充实了国家财政。这场运动也引起了广泛的民怨和不满。这场灭佛运动对佛教的打击深远，许多佛教经典因此失传，佛教在中国的发展也从此走了下坡路。

对外战争：反击回鹘的功绩

李炎即位之初便面临着内忧外患的复杂局面。他凭借着过人的胆识和卓越的军事才能，不仅在国内平定了藩镇之乱，更在对外战争中取得了辉煌的胜利，尤其是反击回鹘的战役，更是成为后世传颂的佳话。

曾经臣服于唐朝的草原霸主回鹘，随着时间的推移，势力逐渐强大，与唐朝的关系也变得复杂而微妙。唐武宗时期，回鹘内部发生了严重的分裂和动乱，但其对唐朝边境的威胁却并未因此减弱。回鹘的新首领乌介可汗以为唐朝软弱可欺，公然提出了无理要求，甚至悍然领兵南下，侵扰唐朝边境。面对回鹘的侵扰，朝廷之中议论纷纷。一些保守势力主张固守边防，不可出击。李炎展现出了非凡的决断力。回鹘的侵扰若不加以制止，不仅会使边境百姓深陷水深火热之中，更会严重损害唐朝的威严和领土完整。于是，他毅然决定主动出击，彻底解决回鹘问题。

为了确保战争的胜利，李炎在战前进行了周密的部署。他亲自挑选了经验丰富、智勇双全的将领来统领军队，其中包括河东节度使刘沔、振武军节度使张仲武等。这些将领不仅勇猛善战，而且对边疆地形了如指掌。在军事谋略方面，李炎与众将领经过细致入微的研讨和磋商，精心策划出一套巧妙的作战方案。他们全面分析了回鹘军队的战术习性及地形条件，决定采纳诱敌深入、逐个击破的战术。具体而言，唐军先派遣小股兵力至边境区域，执行扰敌与侦察任务，以此牵动回鹘军队的注意力；同时，唐军主力则秘密集结于预定伏击地点，蓄势待发，只待时机成熟，便对回鹘军队发动致命攻击。

会昌三年（843）正月，乌介可汗再次发兵进攻振武。唐武宗得知消息后，立即命令刘沔率军迎战。刘沔精心挑选了三千名精锐骑兵作为前锋，自己则亲自率领大军殿后。这支三千人的骑兵部队在刘沔的指挥下，如猛虎下山般向回鹘王庭进发。他们穿越了茫茫草原，克服了重重困难，终于来到了回鹘王庭附近。此时，回鹘军队正沉浸在胜利的喜悦之中，对唐军的到来毫无防备。刘沔看准时机，立即命令部队发动突袭。三千名唐军骑兵如闪电般冲向回鹘王庭，他们挥舞着锋利的刀剑，呐喊着冲向敌人。回鹘军队被这突如其来的袭击打得措手不及，顿时陷入了一片混乱。

在激烈的战斗中，唐军将领石雄更是表现出了非凡的勇猛和智慧。他亲自率领一支精锐骑兵，直捣回鹘王庭的指挥所牙帐。他们挖地道、攀城墙，最终成功攻入牙帐，将乌介可汗逼得走投无路。

经过数日的激战，唐军终于取得了决定性的胜利。他们消灭了大量回鹘军队，俘虏了包括乌介可汗在内的众多回鹘贵族和士兵。这场胜利不仅解除了回鹘对唐朝边境的威胁，还极大地鼓舞了唐朝军民的士气。李炎对这场胜利给予了高度的评价。他亲自接见了凯旋的将士，并为他们举行了盛大的庆功宴。这场胜利不仅是他个人的荣耀，更是整个唐朝的荣耀。

反击回鹘的胜利对唐朝产生了深远的影响。它巩固了唐朝的边疆安全，为唐朝的经济发展和社会稳定创造了有利条件。同时，这场胜利也展示了唐朝的强大军力和坚定决心，使周边各国对唐朝更加敬畏和顺从。

君臣携手：会昌中兴的辉煌征程

唐文宗在位期间，宦官势力膨胀，文宗深受其害。开成五年（840）正月，文宗病重，宦官仇士良和鱼弘志趁机矫诏废黜皇太子，拥立李炎为皇太弟。文宗驾崩后，李炎即位，次年改元会昌。这场突如其来的皇位更迭，让李炎意外地承担起了振兴唐朝的重任。

面对国家积弊已深的局面，李炎认为改革势在必行。他慧眼识才，重用了以李德裕为首的贤臣。君臣一心，共同致力于国家的振兴。他们裁撤冗员，整顿吏治，严禁官员贪腐。当时的官场风气败坏，官员借婚丧嫁娶大肆敛财，甚至从事高利贷和典当行业，严重损害了政府的形象。李炎和李德裕对此深恶痛绝,他们下令严禁这些行为,使得官场的风气为之一新。同时,他们还加强了中央对地方的控制,削弱了藩镇的势力,提高了中央政府的权威。

对于军事,李炎和李德裕更是展现出了非凡的才能和勇气。昭义节度使刘稹的叛乱对唐朝的边疆安全构成了严重威胁。李炎毅然决定出兵平定叛乱,他亲自指挥军队,与叛军展开了激烈的战斗。经过艰苦的努力,他们最终成功平定了叛乱,收复了泽潞镇。

李炎和李德裕也注重提倡节俭和鼓励创新。他们严禁官员奢华浪费,提倡节俭之风。同时,他们还鼓励音律、书法、绘画等艺术的发展。李炎本人对绘画有着独到的见解和品味,他曾经命令画师绘制历史长卷,以绘画的形式展现历史变迁,为唐朝的文化繁荣注入了新的活力。

然而,会昌中兴的道路并非一帆风顺。李炎在位期间,不仅要面对内部的政治斗争和改革阻力,还要应对外部的军事威胁和边疆动荡。他常常夜不能寐,思考着如何更好地治理国家、振兴唐朝。而李德裕也始终陪伴在他的身边,为他出谋划策、排忧解难。

由于长期服食丹药,李炎的身体逐渐衰弱。会昌六年(846),李炎因病去世,年仅三十三岁。

李炎档案

姓　　名：李炎

庙　　号：武宗

生卒年份：814年—846年

出 生 地：长安

逝 世 地：长安大明宫

家族背景：出身皇族，祖父为唐宪宗李纯，父亲为唐穆宗李恒，唐文宗李昂之弟。

早年经历：在唐文宗时期，他对朝廷的局势、宦官专权的危害以及藩镇割据的问题有着深刻的认识。他常常思考如何改变这种局面，为日后的治国理政积累了丰富的经验。

主要政绩：慧眼识才，重用贤相李德裕，两人携手推动了一场深刻的政治变革。他们使得政府的办事效率大幅提升；成功平定叛乱。

性格特点：雄伟有谋，运策励精。即位后，雷厉风行地进行改革，网罗贤能之士，革除弊习。

历史评价：李炎被赞誉为中唐之后的最后一位铁腕明君。他即位后，贬逐牛党，召李德裕为相，形成李党独掌朝柄的局面。他严肃整顿吏治，裁撤冗官，制驭宦官，使朝政为之一新。

宣宗李忱

大中元年（847）—十三年（859）

唐宣宗李忱生于810年，是唐宪宗李纯的第十三子，唐穆宗李恒的异母弟。李忱的早年生活并不顺利，由于母亲身份卑微，他在宫中备受冷落，甚至一度被认为智力有障碍。然而，这正是李忱的韬光养晦之计，他通过装傻充愣，在险象环生的宫廷环境中生存了下来，最终熬死了四代皇帝。

会昌六年（846），宦官马元贽等人为了找一位好控制的皇子当皇帝，拥立了当时看似痴傻的李忱为帝。李忱登基后，一改往日痴傻之态，展现出了非凡的政治才能。

李忱在位期间，勤于政事、整顿吏治，限制宗室和宦官权力，为死于甘露之变中的大部分官员平反。他重视科举制度，选拔真才实学之人，使得朝政焕然一新。他为人明察善断，从谏如流，且能恭谨节俭，使局势稍安。他善于纳谏，对大臣的奏议十分尊重，每每得奏议，必洗手焚香再阅读。他的这些举措赢得了百姓的爱戴，被后世称为小太宗。

然而，李忱晚年因服用丹药中毒，身体状况每况愈下，于大中十三年（859）在大明宫驾崩，享年五十岁。李忱在位期间，国家相对安定，为唐朝的中兴作出了重要贡献，他的事迹也被后世传颂不已。

中兴之治：宣宗时期展清明

会昌六年（846），武宗驾崩，无嗣可继。这时，宦官马元贽等人将目光投向了那个看似痴傻的李忱。他们以为，这个"痴儿"易于操控，却不知他们选中的是一位即将引领唐朝走向中兴的明君。

李忱登基，改元大中，一朝风云变，万象更新始。他不再是那个装疯卖傻的皇子，而是一位胸怀天下、明察秋毫的皇帝。要振兴唐朝，必先整顿吏治，肃清贪腐。于是，他重用了一批清廉正直的官员，如令狐绹、崔元藻等，他们成为宣宗时期的股肱之臣。

李忱对官员的选拔极为严苛，他亲自面试官员，问政于朝，求贤若渴。有一次，他听闻某位官员才华横溢，却因家境贫寒而未能入仕，便特地召见，一番交谈之下，果见其才情出众，当即任命其为官，一时传为佳话。

在对外政策上，李忱更是展现出了非凡的胆略和智慧。吐蕃屡犯边疆，宣宗毅然决定出兵反击。他亲自督战，将士受其鼓舞，奋勇杀敌，最终大败吐蕃，收复了失地。这一战，不仅彰显了唐朝的军威，更让周边诸国对唐朝刮目相看。

百姓乃国之根本，只有百姓安居乐业，国家才能长治久安。于是，李忱减轻赋税，鼓励农耕、兴修水利，使得唐朝的经济逐渐复苏。他还亲自下田耕作，以示对农业的重视，百姓见状，无不感动涕零，更加勤勉于农事。

在文化方面，李忱也是大力扶持。他倡导儒学，兴办学校，鼓励士人读书进仕。他还亲自审阅科举试卷，选拔有真才实学之人，使得唐朝的文化再次繁荣起来。

李忱在位期间，还发生了一件震惊朝野的大事——为死于甘露之变中的大部分官员平反。文宗时期发生的甘露之变，使得许多忠臣惨死于宦官之手。李忱登基后，深感此事之冤，便下令彻查此案，为那些冤死的忠臣平反昭雪，恢复了他们的名誉和地位。这一举动，赢得了朝野上下的广泛赞誉。

牛李终局：党争的尾声

在唐朝的历史长河中，牛李党争如同一场绵延不绝的风暴，席卷了半个世纪的朝堂。这场由士大夫结党，互相争斗、排除异己而引发的政治纷争，终于在唐宣宗李忱的手中落下了帷幕。李忱这位以小太宗之称闻名的皇帝，用他的智慧与权谋，为这场长达四十年的党争画上了句号。

李忱即位之时，牛李党争已如火如荼。以牛僧孺、李宗闵为首的牛党与以李德裕、郑覃为首的李党之间争斗日益激烈。两党之争，不仅关乎个人荣辱，更牵扯到朝局稳定与国家兴衰。若不及时解决党争，唐朝的基业将岌岌可危。

李忱即位后，首先面临的就是如何处理前任宰相李德裕的问题。这位在唐武宗时期权倾一时的宰相是李党的领袖人物。在李忱看来，李德裕的存在是对他皇权的巨大威胁。李忱早年曾在民间活动，深知民间疾苦，他渴望有一番大作为，而李德裕独揽朝纲，无疑成了他实现抱负的绊脚石。

不久，李忱便开始了对李德裕的打压。他先是找借口将李德裕调离京城，任命其为荆南节度使。这一举动无疑是对李德裕的警告与削弱。然而，李德裕在朝中的势力根深蒂固，他的离开并未让牛党彻底掌控朝堂。要彻底解决党争，必须清除李德裕的势力。

于是，李忱开始物色能够对抗李德裕的人选。他选中了白敏中，一位与李德裕政见不合且同样渴望权力的官员。白敏中与牛僧孺都是进士出身，他们的政治观点大多相同，而与李德裕世家大族出身的政治观点迥然不同。李忱任命白敏中为宰相，让他成为左右朝政的权臣。

白敏中成为宰相后，立即对李德裕及其同党展开了猛烈的打击。他利用手中的权力，逐一清除李德裕在朝中的支持者。那些曾经追随李德裕的官员，纷纷被逐出朝堂。白敏中的手段狠辣，让朝臣闻风丧胆。然而，他并未就此罢休，而是决定给李德裕致命一击。

大中元年（847），白敏中找到了一个机会。他指使曾经跟随李德裕的官员李咸，揭发李德裕执政期间的"丑事"。这些所谓的"丑事"其实都是编造的谎言。但李忱并未追查真相，而是趁机打压李德裕。李德裕因此被罢免了荆南节度使的职务，连同中书门下的宰相头衔也被一并解除。

李德裕的失势，让牛党看到了彻底掌控朝堂的希望。然而，他们并未料到，李忱并未打算让牛党一家独大，毕竟朝廷的稳定需要权力的制衡。于是，李忱开始扶持新的势力，以平衡牛李两党。他选中了令狐绹，这位与李德裕不和且同样渴望权力的官员。令狐绹成为宰相后，与白敏中一起打压李德裕，到处散播他的坏话。李德裕因此被一贬再贬，最终客死在了崖州（治所在今海南省海口市琼山区）。

李德裕的死标志着李党的彻底失败。牛党虽然赢得了这场争斗的胜利,但也元气大伤。李忱趁机整顿吏治,限制宗室和宦官势力,为死于甘露之变中的大部分官员平反。他的这些举措,使得朝局逐渐稳定下来,为大中之治的形成打下了根基。

然而,牛李党争的结束并非一蹴而就。在这场争斗中,无数官员被卷入其中,他们的命运也随之跌宕起伏。诗人张九龄、杜牧和李商隐等人都因夹于党争之中而不能得志,郁郁终身。

李忱用他的权谋结束了长达四十年的牛李党争。他的这一举措不仅稳定了朝局,更为唐朝的复兴奠定了基础。牛李党争的结束只是唐朝历史长河中的一个小小波澜。在这之后,唐朝依然面临着藩镇割据、宦官擅权等诸多问题。但不可否认的是,牛李党争的尾声成了唐朝历史中一个不可磨灭的印记。

皇权回归:宦官的败北

唐朝中晚期,宦官专权如同一道阴霾,长久地笼罩在皇权之上。他们手握禁军,操控朝政,甚至废立皇帝,将皇权视为掌中之物。然而,这一切在唐宣宗李忱的统治时期,悄然发生了转变。

李忱即位之初,便深知宦官势力的庞大与危险。李忱的前任唐武宗李炎，便是在宦官的支持下登上帝位的。然而，李忱的即位却并非这些人所愿，他是被另一派宦官马元贽等人拥立上台的。这本身就意味着宦官集团内部的分裂，也为李忱夺回皇权提供了契机。

李忱即位后，并没有立即与宦官正面交锋。以他目前的力量，还不足以与宦官集团抗衡。于是，他选择了韬光养晦，暗中积蓄力量。他一方面对宦官表示尊重，以稳住他们的情绪；另一方面，则悄悄培植自己的亲信势力，为将来的反击做准备。在这个过程中，李忱特别注重选拔有才能的官员，将他们提拔到重要岗位上。这些官员大多出身寒门，对宦官专权深恶痛绝，他们成为李忱夺回皇权的重要助力。同时，李忱还秘密与一些地方藩镇取得联系，争取他们的支持。他知道，只有内外结合，才能形成对宦官势力的有效打击。

大中初年，一个偶然的机会让李忱看到了削弱宦官势力的突破口，迅速铲除了马元贽等人在朝中的爪牙。这一行动不仅挫败了宦官的阴谋，更让李忱在朝中树立了威信。他趁机下令，将宦官的权力进行大幅削减，限制了他们干预朝政的能力。同时，他还加强了对禁军的控制，将禁军的指挥权牢牢掌握在自己手中。

然而，宦官并不会轻易放弃自己的权力。他们开始暗中策划反扑，企图通过发动政变来夺回失去的一切。宦官集团趁李忱外出巡游之际，企图发动政变。他们秘密联络了一些对李忱不满的官员和藩镇，计划里应外合，一举推翻李忱的统治。

宦官的阴谋被李忱的密探察觉。李忱得知消息后，立即返回京城，并果断采取了行动。他一方面加强了京城的防卫力量，另一方面则派遣亲信将领率领禁军平叛。在李忱的指挥下，禁军迅速平息了叛乱，将参与政变的宦官和官员一网打尽。

这次政变的失败，标志着宦官势力的彻底败北。他们再也无法与皇权抗衡，只能乖乖地听从李忱的摆布。李忱趁机进一步削弱了宦官的权力，将他们逐渐边缘化。他还下令整顿吏治，打击腐败现象，为唐朝的复兴奠定了基础。

在夺回皇权的过程中，李忱展现出了非凡的谋略与决心。要彻底击败宦官，就必须切断他们的财源和兵源。于是，他一方面削减了宦官的俸禄和赏赐，另一方面则加强了对地方藩镇的控制，防止他们与宦官勾结。这些措施有效地削弱了宦官的实力，为皇权的回归奠定了坚实的基础。

李忱档案

姓　　名：李忱

庙　　号：宣宗

生卒年份：810年—859年

出 生 地：长安

逝 世 地：长安大明宫

家族背景：出身皇族，唐宪宗李纯第十三子，唐穆宗李恒异母弟。唐武宗李炎在位期间，李忱并未显露出明显的皇位继承迹象，但在皇位更迭的动荡中，最终被拥立为帝。

早年经历：在唐文宗和唐武宗时期，李忱虽身处皇室，却并未卷入朝堂的明争暗斗。他在一旁观察着朝局的变幻莫测，对宦官专权的肆虐、朝政的腐败以及藩镇割据的顽疾有着深刻的洞察。

主要政绩：面对宦官权势滔天，采取巧妙手段逐步削弱宦官权力，使皇权回归。重用贤相，推动政治改革，提升政府办事效率，朝政焕然一新。

性格特点：隐忍坚韧，果断决绝。对宦官势力毫不手软，坚决予以打击和惩处。

历史评价：在唐朝由盛转衰的关键时期登上皇位，成功稳定了政局，因此被后世称为中兴之主。

懿宗李漼

咸通元年（860）—十四年（873）

　　唐懿宗李漼生于833年，是唐宣宗李忱的长子，母为元昭皇后晁氏。李漼在位期间，唐朝的政局逐渐走向衰落。

　　李漼即位之初，很快就沉迷于宴游享乐之中。他每日一小宴，每三日一大宴，对宴会、乐舞和游玩的兴致远远高出国家政事。他的宫中供养了大量乐工、优伶，每次出行扈从动辄数万，费用开支之大难以计算，给国家财政带来了巨大的负担。在政治上，李漼任用了一批无能且贪婪的宰相，如路岩、韦保衡等，他们结党营私、招纳贿赂，使得朝内贿赂公行。大臣弄权，随意贬逐官员，导致浙东、安南、徐州、四川等地相继发生动乱，内部政治腐败，民不聊生。李漼还极端崇信佛教，广建佛寺、大造佛像，布施钱财无数。在他的倡导下，大规模的法会空前兴盛，佛经的大量需求也刺激了印刷业的发展。然而，他的这些行为并未给国家带来实质性的好处，反而加剧了社会矛盾。

咸通十四年（873），李漼因病去世，享年四十一岁。在他统治期间，唐朝的政局进一步恶化，藩镇割据、宦官专权等问题日益严重，为唐朝的灭亡埋下了伏笔。李漼的统治被后世评价为昏庸无能，他的政绩和治国理念也成为后世反思的教训。

奢靡统治：唐朝的进一步衰败

大中十三年（859），李漼即位。大唐帝国在经历了唐宣宗的短暂中兴后，似乎又迎来了一位新的掌舵者。然而，这位新皇帝似乎对治理国家并不感兴趣。他更热衷于宴游享乐，将宫廷生活过成了一场永不落幕的盛宴。

李漼的宫中，每日都充满了欢声笑语。他命人精心布置宴会场所，从珍馐佳肴到奇珍异宝，无一不极尽奢华。据史书记载，李漼的宴会常常持续数日，其间不仅有歌舞，更有来自各地的乐工、优伶为他献上精彩的表演。这些乐工技艺精湛，所用的乐器皆是上品，每一次的演奏都让人陶醉其中。而李漼，则常常在宴会中开怀畅饮，对乐工的赏赐也是毫不吝啬。

除了宴会之外，李漼还热衷于修建宫殿和园林。他耗费巨资，在长安城内修建了一座座宏伟的建筑。其中最为著名的莫过于望仙楼和百尺楼。这两座楼宇高耸入云，金碧辉煌，成为长安城内一道独特的风景线。每当夜幕降临，楼内灯火通明，宛如仙境一般。然而，这些建筑的背后，却是无数百姓的血汗和辛劳。为了修建这些宫殿和园林，李漼不惜加重赋税，使得百姓的生活更加困苦。

李漼的奢靡统治，不仅仅体现在宫廷生活上。他还极度崇信佛教，广建佛寺、大造佛像。在他的倡导下，长安城内的佛寺如雨后春笋般涌现出来。每当有高僧大德讲经说法之时，李漼总是亲临现场，布施钱财无数。他甚至不惜花费重金，从佛教发源地请来高僧，为他们修建精美的寺庙和塔院。这些行为虽然在一定程度上促进了佛教的传播和发展，但对唐朝的财政来说，无疑是一个巨大的负担。

在李漼的统治下，唐朝的官场也变得更加腐败不堪。他任用了一批无能且贪婪的宰相，如路岩、韦保衡等。这些宰相不仅未能为朝廷分忧解难，反而结党营私、招纳贿赂。他们利用手中的权力，大肆搜刮民脂民膏，使得百姓的生活更加困苦。同时，他们还随意贬谪官员，使得朝廷上下人心惶惶。许多有才能的官员因为不愿与他们同流合污，而被贬谪到偏远之地，而那些善于逢迎拍马之徒则得到了重用。

在这样的统治下，唐朝的社会矛盾日益激化。浙东、安南、徐州、四川等地相继爆发了农民起义和兵变。这些起义和兵变虽然规模不大，但却对唐朝的统治造成了严重的冲击。而李漼，面对这些动荡和不安，似乎无动于衷。他依然沉浸在自己的奢靡生活之中，对国家的安危和百姓的疾苦视而不见。

在李漼的统治下，唐朝的国力逐渐衰落，藩镇割据、宦官专权等问题日益严重，使得这个曾经辉煌的帝国摇摇欲坠。李漼的统治岁月，成为唐朝进一步衰败的见证和缩影。

❀ 任用非人：奸佞当道祸朝纲

作为唐宣宗李忱的长子，李漼在即位之初或许也曾怀揣着治理国家的雄心壮志，然而，他的统治却最终因为任用非人、奸佞当道而陷入了深深的泥潭，加速了唐朝的衰败进程。李漼即位之初，面对的是一个看似繁荣实则暗流涌动的帝国。然而，他并未能洞察到朝政中的种种隐患，反而因为自己的昏庸无能，一步步将大权交给了那些心怀叵测的奸佞之人。

首先进入李漼视野的是宰相路岩。路岩进士出身，却凭借着一张巧舌如簧的嘴和一副谄媚逢迎的面孔迅速赢得了李漼的宠信。他了解李漼贪图享乐、不理朝政的习性，便投其所好，整日为李漼搜罗奇珍异宝，安排宴乐歌舞。而李漼则对路岩的所作所为大加赞赏，甚至将朝政大事也交予他处理。

路岩得势之后，开始大肆排除异己，培植自己的势力。他结党营私、招纳贿赂，将整个朝廷搞得乌烟瘴气。那些正直敢言的官员要么被他排挤打压，要么被他诬陷贬谪；而那些阿谀奉承、趋炎附势之徒，则纷纷投靠到他的门下，形成了一个庞大的利益集团。其中，最引人注目的莫过于驸马韦保衡。韦保衡本是新科状元，才华横溢，却因娶了懿宗的爱女同昌公主，而一跃成为朝廷重臣。他的地位来之不易，便对路岩百般讨好，成为路岩的得力助手。在两人的联手操作下，唐朝的官场变得更加腐败不堪。

有一次，朝廷决定选拔一批新的官员，以充实地方行政力量。这本是一件利国利民的好事，然而在路岩和韦保衡的操纵下，却变成了一场权钱交易的闹剧。他们利用手中的权力，为那些愿意出高价买官的富商、巨贾大开方便之门。而那些真正有才能、有抱负的寒门子弟，则因无法承担高昂的买官费用而被拒之门外。

这一事件在朝廷内外引起了轩然大波。许多正直的官员纷纷上疏弹劾路岩和韦保衡，然而李漼却对此置若罔闻。他沉浸在路岩和韦保衡为他编织的奢华梦境中，对朝政的混乱和百姓的疾苦视而不见。

随着时间的推移，路岩和韦保衡的势力愈发庞大。他们不仅控制了朝廷的人事任免权，还逐渐将触角伸向了军队和财政等关键领域。那些忠于国家的将士，则因为无法忍受他们的暴行而纷纷起义反抗。

其中，最引人注目的莫过于那场发生在浙东的农民起义。

起义的领袖是一位名叫裘甫的农民,他因不堪忍受赋税徭役负担,而毅然决然地举起了反抗的大旗。他的起义军迅速壮大,很快便攻占了浙东的数座城池。朝廷闻讯大惊,连忙派遣大军前去镇压。然而,由于路岩和韦保衡的阻挠和破坏,朝廷的军队屡战屡败,最终,只能眼睁睁地看着起义军势如破竹地向前推进。

面对这一局面,李漼开始感到恐慌。他意识到,如果再不采取措施制止路岩和韦保衡等人,唐朝的江山社稷将危在旦夕。然而,此时的他已经无力回天。路岩和韦保衡的势力已经根深蒂固,他们的党羽遍布朝野,根本无法轻易铲除。

庞勋起义:民变的前奏

李漼统治时期,无疑是一个充满变数与危机的时代。在这个时代,一场由戍卒发动的起义,如同一声惊雷,震撼了整个大唐帝国,成为民变的前奏。这就是庞勋起义,一场由八百戍卒引发的,波及数省、影响深远的农民起义。

咸通四年(863),南诏国进犯唐朝边疆,兵锋直逼邕州(今广西壮族自治区首府南宁市)。为了抵御南诏的入侵,李漼下令在徐泗地区募兵两千人,前往邕州支援。在这两千人中,有八百人被分配到桂州戍守，他们肩负着保卫边疆的重任。

这八百戍卒大多来自徐州，徐州民风彪悍，民众多勇猛善战。然而，当他们踏上这片遥远的土地时，却未曾想到，这一守便是六年。按照最初的约定，他们本应三年期满即可返回原籍，与家人团聚。然而，徐泗观察使崔彦曾却以种种理由，一再食言，将他们强留下来。起初，戍卒还能忍受这份离乡背井之苦，他们期待着有朝一日能够重返家园。然而，随着时间的流逝，他们的希望逐渐破灭。六年过去了，他们依然在这片陌生的土地上坚守，心中的思乡之情愈发浓烈，对崔彦曾的不满也日益加深。

咸通九年（868），戍卒的忍耐终于到达了极限。他们不再相信崔彦曾的承诺，也不再愿意继续忍受这份无尽的等待。于是，在都虞候许佶、军校赵可立等人的密谋下，一场兵变悄然酝酿。

这一天，戍卒突然发动起义，他们杀死了监视他们的军官，夺取了监军院的兵器、铠甲，推举颇有人望的粮料判官庞勋为首领。在庞勋的带领下，他们誓师北还，踏上了返回徐州的征程。庞勋起义的消息迅速传遍了整个帝国，引起了朝野上下的震惊。然而，对戍卒的愤怒和不满，李漼却似乎并未放在心上。他依然沉浸在自己的奢靡生活中，对朝政的混乱和百姓的疾苦视而不见。

庞勋起义军一路北上，势如破竹。他们经过湖南、湖北、安徽、浙江、江苏等地，沿途招兵买马，队伍迅速壮大。每到一处，他们都受到当地百姓的热烈欢迎和支持。这些百姓饱受苛捐杂税和官府压迫之苦，对朝廷的腐败和无能早已心生不满。庞勋起义军的到来，无疑为他们带来了一丝希望。在庞勋的带领下，起义军纪律严明，秋毫无犯。他们不仅打击了沿途的贪官污吏和恶霸豪绅，还开仓赈济贫苦百姓，深受人民的拥护和爱戴。随着起义军的不断壮大，他们的声势也越来越浩大，逐渐成为一股不可忽视的力量。

然而，朝廷并未因此而感到恐慌。相反，他们依然坚信自己的军队能够轻易镇压这股叛乱势力。于是，李漼任命康承训为义成节度使、徐泗行营都招讨使，率领大军前去镇压庞勋起义军。康承训率领大军与庞勋起义军在徐州一带展开了激烈的战斗。起初，起义军凭借着高昂的斗志和顽强的毅力，屡战屡胜，给朝廷军队以沉重的打击。然而，随着战斗的深入和时间的推移，起义军逐渐陷入了困境。他们缺乏足够的武器和粮草补给，士兵的疲惫和伤亡也在不断增加。

面对朝廷军队的猛烈攻势，庞勋起义军开始节节败退。咸通十年（869），庞勋在撤往蕲州（今湖北省黄冈市蕲春县）的途中被唐军追上，经过一场激烈的战斗后不幸战死。随着庞勋的战死，起义军也逐渐土崩瓦解，这场轰轰烈烈的农民起义最终以失败告终。

然而，庞勋起义虽然失败了，但它对唐朝的统治却产生了深远的影响。这场起义不仅暴露了唐朝统治下的种种矛盾和危机，也激发了人民对腐败和无能朝廷的反抗情绪。在庞勋起义之后，唐朝的统治逐渐走向了崩溃的边缘，各种民变和起义层出不穷，最终加速了唐朝的灭亡进程。

李漼档案

姓　　名：李漼

庙　　号：懿宗

生卒年份：833年—873年

出 生 地：长安

逝 世 地：长安咸宁殿

家族背景：出身皇族，为唐宣宗李忱长子，其皇位继承之路并非一帆风顺，经历了一段波折后最终称帝。

早年经历：在唐宣宗时期，李漼作为皇长子，虽然身处皇位继承的敏感位置，但他并未过早地卷入朝堂的政治斗争。

主要政绩：李漼登基后，其更多地被后人记住的是他宴游享乐、荒淫无度的一面。他对朝政的疏于治理，导致朝政腐败、官员贪腐现象屡禁不止。

性格特点：骄逸残暴，昏庸无道。对国家大事和民生疾苦漠不关心，沉迷于饮酒作乐、游宴无度。

历史评价：他的昏庸统治加速了唐朝的衰落，为后来的唐末农民大起义和唐朝的灭亡埋下了伏笔。

僖宗李儇

乾符元年（874）—文德元年（888）

　　唐僖宗李儇生于862年，唐懿宗李漼的第五子，母亲为惠安皇后王氏。初封普王，他热衷游乐，尤其擅长马球。唐懿宗弥留之际，在宦官刘行深、韩文约等人的拥戴下，李儇被立为皇太子。咸通十四年（873），年仅十二岁的李儇在懿宗柩前即位。由于年幼无知，政事全由宦官田令孜等人把持，导致朝政日益混乱。

　　李儇在位期间，唐朝政局动荡不安，最终引发了王仙芝和黄巢领导的农民起义。长安失守后，他逃亡至蜀地，其间调动各镇节度使平定黄巢起义，后返回长安。然而，唐朝的衰落已成定局，光启年间，唐朝经历了盐池之争和襄王之乱，节度使割据现象日益严重，唐朝自此分裂。

　　李儇个人生活奢华无度、喜好游乐，对朝政疏于管理。他曾在宫中组织马球比赛，甚至用打马球的方式来决定官员的任免，这种荒唐举动加剧了朝廷的腐败。尽管他在位期间也尝试平定起义、维护统治，但终因宦官专权、朝政腐败而无力回天。文德元年，李儇在长安去世，年仅二十七岁。

玩乐皇帝：少年登基沉迷游乐

李儇本名李儼，他的童年和少年时代几乎完全是在宦官的呵护与陪伴下度过的。宫中金碧辉煌的殿堂、琳琅满目的珍宝，以及无微不至的侍奉，让李儼从小就生活在一个与世隔绝的小天地里。而在这个小天地里，他找到了自己的乐趣——游乐。

斗鸡、赌鹅、骑射、剑槊、法算、音乐、围棋、赌博等，凡是宫中能有的玩乐项目，李儼几乎都玩了个遍，而且样样精通。他对马球的迷恋，更是达到了忘我的地步。每当夕阳西下，宫中的马球场上，总能见到他矫健的身影，挥舞着球杖，追逐着那飞驰的小球。

他曾自豪地对身边的优伶石野猪说："朕若参加击鞠进士科考试，定能中个状元。"石野猪听后，狡黠地一笑，回答道："若是遇到尧、舜那样的贤君做礼部侍郎主考，恐怕陛下会因玩乐之心太重而落选呢！"李儼听后，非但不怒，反而哈哈大笑，他欣赏石野猪的机智,也享受这种无拘无束的对话氛围。

然而,命运却在他最沉醉于游乐之时,悄然发生了转变。咸通十四年七月,懿宗病重,宫中一片慌乱。宦官田令孜、刘行深、韩文约等人看中了年少且易于操控的普王李俨,于是拥立他为皇太子,并改名李儇。仅仅两日之后,十二岁的李儇便在父皇的灵柩前登上了他并不熟悉的皇位。

登基之初,李儇还曾试图展现出一些帝王的风范,但很快就沉溺于往日的游乐之中。他对朝政几乎毫不关心,将所有的政务都交给了宦官和朝中的大臣去处理。而他自己则继续沉迷于马球、音乐、赌博等玩乐之中。

有一次,他在宫中举办了一场盛大的马球比赛,邀请了宫中的侍卫、宦官,以及一些亲信的贵族子弟参加。比赛异常激烈,李儇亲自上场,他骑着一匹骏马,手持球杖,在场上左冲右突,犹如一员猛将。场下的观众欢呼雀跃,为他们的皇帝加油助威。李儇在这片刻的欢愉中,忘记了自己身为一国之君的责任和使命。

他的玩乐之心,不仅体现在马球场上,更渗透到了宫廷生活的每一个角落。他命人搜罗天下的奇珍异宝,用来装饰他的宫殿;他招募了一批技艺高超的乐师,为他演奏各种美妙的音乐;他还经常与宫中的宦官、优伶一起赌博,赌注之大,令人咋舌。

在这样的玩乐氛围中,唐朝的朝政日益腐败,民不聊生。

各地的藩镇割据一方，互相攻伐；朝廷内部的宦官和朝臣也明争暗斗，争权夺利。李儇沉迷于游乐，对此视而不见。他仿佛生活在一个与世隔绝的世界里，只关心马球、音乐和赌博。

然而，命运并不会永远眷顾这位玩乐皇帝。从乾符元年（874）开始，黄巢起义的烈火逐渐蔓延，将大唐的半壁江山卷入了战火之中。这位曾在马球场上英姿飒爽的皇帝，却只能在宦官的簇拥下匆匆踏上逃往四川的征途。他的游乐之梦在战火的洗礼下化为了泡影，而唐朝的衰落也在他的玩乐之中悄然加速。

黄巢起义：唐朝的致命一击

李儇或许从未料到，一场由黄巢领导的农民起义将成为压垮唐朝统治的最后一根稻草。黄巢起义这场历时十年，波及大唐王朝半壁江山的浩荡民变，不仅深刻地改变了唐朝的命运，也永远地镌刻在了中国历史的篇章之中。

彼时，唐朝的统治已如风中残烛，政治腐败、宦官专权、藩镇割据，社会矛盾尖锐到了极点。百姓在沉重的赋役和连年的灾荒中挣扎求生，而官府却仍不断压榨，使得民间怨声载道。正是在这样的背景下，黄巢，这位出身盐商家庭却屡试不第的落魄书生,走上了起义的道路。

乾符二年(875),当王仙芝在长垣(今河南省长垣市)举起起义的大旗时,黄巢积极响应,与他的哥哥黄存、弟弟黄邺、黄揆等八人起兵。黄巢的起义军很快壮大,他们东攻沂州(今山东省临沂市),虽未能取胜,但转攻山东、河南等地,接连攻下阳翟(今河南省禹州市)、郏城(今河南省平顶山市)等八县,声势浩大。然而,起义的道路并非一帆风顺。王仙芝在起义过程中,曾一度动摇,意图接受朝廷的招安。黄巢得知此事后,怒不可遏,他大骂王仙芝背信弃义,甚至用棍子打伤了王仙芝的头。这一事件成为起义军内部的分水岭,黄巢与王仙芝分道扬镳,各自为战。

乾符五年(878),王仙芝在黄梅(今湖北黄梅西北)兵败被杀,余部投奔黄巢。黄巢被众人推举为黄王,号冲天大将军,起义军的势力达到了顶峰。他们转战黄淮流域,又进军长江下游一带,所到之处,百姓纷纷响应,起义军的队伍不断壮大。黄巢的起义军以其强悍的战斗力和对贫苦百姓的优待政策吸引民众,很快控制了长江以南大片区域。他们采取流动作战的方式,避实攻虚,使得唐朝的官军疲于奔命。乾符七年(880),黄巢起义军攻克洛阳,随后挥师西进,直逼长安。面对来势汹汹的起义军,李儇惊慌失措。他匆忙逃离长安,逃往四川成都避难。长安城内的百姓则对起义军充满了期待,他们站在街道两旁,欢迎起义军的到来。黄巢部将尚让对百姓说:"黄王就是为了百姓才起兵的，我们决不会像唐朝皇帝那样残暴地对待你们。"

黄巢进入长安后，在含元殿登基称帝，改国号为齐，定年号为金统。他任命尚让为太尉兼中书令，孟楷为尚书左仆射，盖洪为尚书右仆射，建立起了大齐政权。然而，黄巢虽然占领了长安，建立了政权，但由于缺乏有效的政治组织和稳定的后勤供给，大齐政权很快便陷入了困境。

在长安城内，黄巢对世家大族进行了严厉的打击。他下令起义军对五姓七族进行大规模搜捕和屠杀，范阳卢氏、荥阳郑氏、太原王氏等历经数百年、根深蒂固的世家大族几乎被灭族。这一行为虽然极大地削弱了世家大族的势力，但也使得起义军失去了部分民心。与此同时，唐朝的官军并没有放弃抵抗。他们联合各地藩镇的力量，对起义军展开了猛烈的反攻。黄巢的起义军虽然英勇善战，但在官军的猛烈攻击下，逐渐失去了优势。中和三年（883），黄巢被迫退出长安，东进先克蔡州（今河南省汝南县一带），进围陈州（今河南省周口市淮阳区）。然而，起义军围困陈州三百天仍未攻克，兵力疲敝，最终被李克用等部所破，主力瓦解。

中和四年（884），黄巢退至泰山狼虎谷，在这里，他遭遇了最后的决战。黄巢的起义军已经是强弩之末，而官军则士气高昂。在激战中，黄巢战败自杀，他的起义军也随之土崩瓦解。至此，这场历时十年，波及大唐王朝半壁江山的黄巢起义宣告失败。黄巢起义虽然最终以失败告终，但它对唐朝的统治造成了沉重打击。起义军转战近半个唐朝疆域，导致唐末国力大衰，加速了唐朝的灭亡。黄巢起义不仅揭示了唐朝末年社会的动荡和百姓的不满情绪，也为后来的动乱和五代十国时期的政权更迭埋下了伏笔。

在这场浩荡的民乱中，李儇从一位高高在上的皇帝沦为了四处逃难的流亡者。他目睹了唐朝的衰落和起义军的壮大，却无力挽回这一局面。黄巢起义成为唐朝的致命一击，也永远地改变了中国历史的走向。

逃难皇帝：四处奔波的统治

黄巢起义的烈火如同狂风骤雨般席卷了大唐的半壁江山，将李儇从皇宫的龙椅上狠狠地拽入了逃难的漫漫长途。这位年少登基的皇帝本应在金碧辉煌的宫殿中指点江山，却未曾想自己的命运会与国家的动荡如此紧密相连。

当黄巢的起义军势如破竹，直逼长安之时，李儇的皇宫内已是一片慌乱。朝臣或逃或降，宦官则忙着收拾细软，准备逃离这个即将陷落的都城。李儇望着眼前的一片混乱，心中充满了无助与恐惧。作为一国之君，他此刻应当挺身而出稳定局势，但他却感到前所未有的无力。

在田令孜等宦官的簇拥下,李儇匆匆踏上了逃往四川的征途。这一路上,他们经历了无数艰难险阻。有时,他们要在崎岖的山路上跋涉;有时,他们要在风雨交加的夜晚露宿荒野。李儇从未受过这样的苦,他的双脚磨出了血泡,身体也日渐消瘦。但他知道,自己不能停下来,因为身后是追兵,前方则是未知的命运。在逃亡的途中,李儇的内心充满了矛盾与挣扎。他一方面对黄巢起义军恨之入骨,认为他们破坏了自己的江山社稷;另一方面,他又对朝廷的腐败和无能感到痛心疾首。如果不是朝廷的种种劣行,百姓又怎会揭竿而起?

到达四川后,李儇以为可以暂时喘一口气,然而事实并非如此。四川虽然地处偏远,但各地的藩镇却并未因此而对中央朝廷表示臣服。他们各自为政、互相攻伐,李儇这个逃难皇帝在这里并没有得到应有的尊重和支持。更让李儇感到焦虑的是,黄巢起义军虽然被暂时击退,但他们的余威仍在。各地的起义军纷纷崛起,继续与唐朝官军作战。而唐朝的官军,由于长期的军备废弛和腐败,已经丧失了战斗力,根本无法有效地镇压这些起义。

李儇在四川的日子里每天都过得提心吊胆。他时刻关注着前线的战报,希望有一天能够听到黄巢起义军被彻底消灭的消息。然而,等来的却是一次又一次的坏消息。起义军虽然屡遭挫败,却始终顽强地存在着,像一股不灭的火焰,燃烧着唐朝的根基。在这样的环境下,李儇的统治变得越来越艰难。他无法有效地控制各地的藩镇,也无法镇压各地的起义。他只能眼睁睁地看着唐朝的疆域一天天缩小,人口一天天减少。

为了重振朝纲,李儇曾试图进行一些改革。他下令削减宦官的权力,加强中央集权;他提拔了一些有才能的官员,希望他们能够辅佐自己治理国家。然而,这些改革却遭到了宦官和藩镇的强烈反对。他们联合起来,对李儇的改革进行了残酷的打压。在这样的困境中,李儇感到前所未有的孤独和无助。他身边的亲信一个个离他而去,他的权力也一天天被削弱。这个皇帝已经名存实亡。

终于,黄巢起义被平定了,但唐朝的局势并没有因此好转。各地的藩镇仍然割据一方,互相攻伐;朝廷内部的腐败和争斗也并未停止。李儇在四川黯然神伤。他常常回忆起自己在长安的日子,那时的他虽然年少无知,但至少还过着衣食无忧的生活。而如今,他却沦为了一个四处逃难的流亡者。

李儇已无力控制各地的藩镇,也无法有效治理国家。朝廷的权威一落千丈,百姓对朝廷的信任也荡然无存。在这样的环境下,李儇的身心健康也受到了严重的摧残。他变得日渐消沉,对朝政也失去了兴趣。终于,在光启四年(888),李儇在病痛的折磨中结束了自己悲剧性的统治。他的一生,充满了逃亡、挣扎和无奈。在他的统治结束之际,唐朝已经名存实亡,各地的藩镇割据一方,互相攻伐,而朝廷则陷入了无尽的混乱和争斗之中。

　　李儇的离世并没有给唐朝带来任何转机。相反，他的死讯成为唐朝衰落的一个象征。在此后的几年里，唐朝的局势越来越糟糕，直到最终走向了灭亡。

李儇档案

姓　　名：李儇

庙　　号：僖宗

生卒年份：862年—888年

出 生 地：长安

逝 世 地：长安武德殿

家族背景：出身皇族，为唐懿宗李漼第五子。在父亲李漼的庇护和宦官的影响下成长，少年时期被封为普王，后在宦官的支持下登基为帝。

早年经历：李儇生于深宫之中，长在宦官呵护之下，自幼便生活在奢华与玩乐之中。他并未像其他皇子那样过早地卷入朝堂的政治斗争，而是沉迷于斗鸡、赌鹅、骑射、音乐等游乐之中。

主要政绩：李儇登基后，其统治更多地被后人记住的是其沉迷游乐、荒废国事的一面。他对朝政几乎毫不关心，将所有的政务都交给了宦官和朝中的大臣去处理。

性格特点：热衷游乐，昏庸无能，沉迷于游乐嬉戏，将宫廷变成了一个奢华享乐的场所，对民间疾苦和国家危机浑然不觉。

历史评价：即位后，朝政大权被宦官掌控，自己沦为傀儡皇帝。在位十五年，却八年漂泊在外，两次弃长安而逃，被世人称为徒有虚名的大唐天子。

昭宗李晔

龙纪元年（889）—天祐元年（904）

唐昭宗李晔生于867年，唐懿宗李漼的第七子，唐僖宗李儇之弟，生母为恭宪皇后王氏。李晔自幼聪明好文，尤重儒术，神气雄俊。咸通十三年（872）被封为寿王，后领幽州大都督，涉足军政。

文德元年（888），唐僖宗病危，李晔在宦官杨复恭的支持下被立为皇太弟，即位后改名李晔。李晔即位后面临着内忧外患的局面。他致力于整顿内政，打击宦官势力，削弱藩镇实力。虽成功消灭杨复恭势力，但对藩镇斗争屡次遭受挫败，多次讨伐无功而返，甚至被迫逃离京城，辗转流离。

李晔在位期间，唐朝国力严重衰落，他有心振兴却无力回天。天祐元年（904），他被宣武节度使朱温所弑，结束了短暂而坎坷的帝王生涯。

忧患继统：昭宗中兴的尝试

李晔即位之初，面对的是一个千疮百孔的帝国：朝政腐败、宦官弄权、国家财政空虚、百姓生活困苦。为了挽救唐朝的危亡，李晔开始了一系列中兴的尝试。

李晔的中兴之路首先从整顿朝政开始。宦官专权是唐朝末年的一大顽疾，要中兴唐朝，必须先削弱宦官的力量。于是，他重用那些有才能、有抱负的官员，让他们担任要职，参与朝政的决策，以分散宦官的权力。这些新提拔的官员，带着对国家的忠诚和对未来的憧憬，积极为李晔出谋划策，使得朝政逐渐有了新气象。

同时，李晔还加强对宦官的管理和监督。他严格限制宦官的行动和权力，防止他们干政弄权。对那些敢于挑战皇权、肆意妄为的宦官，李晔毫不手软，坚决予以惩处。这一举措极大地打击了宦官的嚣张气焰，使得他们在朝中的地位和影响力逐渐下降。

只有经济繁荣，国家才能有足够的财力来支撑军事和政治的改革。因此，他采取了一系列措施来促进经济的发展。他减轻赋税，鼓励农耕，兴修水利，提高农业生产效率。这些措施使得农民的生产积极性得到了极大的提高，农业生产逐渐恢复和发展。同时，他还注重工商业的发展，鼓励商人经商，促进商品的流通和市场的繁荣。这些经济改革措施为唐朝的中兴奠定了坚实的物质基础。

在李晔的中兴尝试中,他还特别注重民生的改善。百姓是国家之根本,只有百姓安居乐业,国家才能长治久安。因此,他积极关注百姓的疾苦和需求,为他们排忧解难。他下令减轻百姓的负担,禁止官员滥用职权、欺压百姓。他还亲自巡视各地,了解百姓的生活状况,为他们提供必要的帮助和支持。这些民生改革措施赢得了百姓的拥护和支持,使得李晔在民间的声望逐渐提高。

然而,李晔的中兴尝试并非一帆风顺。宦官势力虽然受到了打击,但并未被完全消灭,仍然在暗中蓄谋反扑。他们利用自己在朝中的势力和影响,阻挠李晔的改革政策,甚至发动政变试图推翻他的统治。面对宦官势力的反扑,李晔表现出了坚定的决心和勇气。他秘密联络忠诚于自己的将领和官员,计划发动反击,一举消灭宦官势力。虽然最终未能完全消灭宦官势力,但他的坚定立场和果断措施使得宦官势力受到了沉重的打击。

李晔的中兴尝试之所以未能完全成功,有多方面的原因。一方面,唐朝的积弊太深,单靠他一个人的力量根本无法完全挽回。长期的政治腐败、经济衰退和军事衰弱已经使得唐朝的国力大打折扣,难以在短时间内得到恢复。另一方面,宦官势力的顽固和狡猾也使得李晔的改革政策难以得到全面贯彻和执行。他们阻挠和破坏李晔的改革措施，使得中兴之路更加艰难。

平定叛乱：努力削弱藩镇势力

　　内有宦官专权，外有藩镇割据，国家四分五裂。然而，李晔并未屈服于命运的摆布，他怀揣着恢复大唐盛世的雄心壮志，踏上了平定叛乱、削弱藩镇势力的艰难征途。

　　文德元年（888），李晔委任前黄巢叛将朱温为蔡州四面行营兵马都统，率军征讨叛将秦宗权。这一任命在当时引起了不小的轰动，毕竟朱温曾是黄巢叛军的一员，如今却成了朝廷平叛的大将。然而，昭宗却有自己的考量：乱世之中用人不拘一格，只要能为国效力，皆可重用。

　　朱温不负众望，他率领大军一路势如破竹，很快便逼近了蔡州城下。蔡州城内，秦宗权惊恐万分，他万万没想到，自己曾经的同僚如今竟成了自己的掘墓人。经过一场激烈的战斗，蔡州城破，秦宗权被俘。这一胜利，不仅极大地鼓舞了朝廷的士气，也为昭宗平叛收复失地开了个好头。

　　然而，平叛之路还远未结束。藩镇割据的局面已经形成多年，各藩镇之间明争暗斗，相互勾结，对朝廷构成了巨大的威胁。为了削弱藩镇势力，李晔决定从河东节度使李克用入手。

李克用这位沙陀部的首领手握重兵，割据河东，是藩镇势力中的领头者。若能收服李克用，平定其他藩镇将事半功倍。于是，他派遣使者前往河东，试图说服李克用归顺朝廷。然而，李克用却对朝廷的使者冷嘲热讽，表示自己对朝廷并无兴趣。

昭宗闻讯大怒，决意用武力解决李克用。他调集大军，任命张濬为讨伐河东的主帅，对李克用形成围剿之势。大军压境，李克用却并未慌乱。朝廷的大军虽多，但战斗力却远不及自己的沙陀铁骑。于是，他采取了诱敌深入的计谋，将朝廷的军队一步步引入了自己的伏击圈。

战斗打响了，沙陀铁骑如猛虎下山一般，朝着朝廷的军队猛扑过来。朝廷的军队毫无防备，很快便陷入了混乱之中。张濬见势不妙，急忙下令撤退。然而，为时已晚，朝廷的军队在李克用的猛攻下溃不成军，张濬也被俘虏。

这一战，朝廷损失惨重，李晔也陷入了前所未有的困境。若不迅速改变策略，平定藩镇将无望。于是，他开始反思自己的策略，决定采取更加灵活多变的手段来削弱藩镇势力。他首先想到了招抚。他派遣使者前往各藩镇，许以高官厚禄，试图说服他们归顺朝廷。然而，这一招并未奏效。各藩镇首领对朝廷的使者不屑一顾，纷纷表示要继续割据一方。

李晔并未气馁，他开始寻找新的突破口。他注意到，藩镇之间并非铁板一块，他们之间也存在着矛盾和争斗。于是，他决定利用这些矛盾，挑拨离间，让他们自相残杀。他首先选中了凤翔节度使李茂贞和静难节度使王行瑜。这两位藩镇首领一直互相看不顺眼，经常为了争夺地盘而大打出手。李晔秘密派遣使者前往凤翔和静难，许以重利，让他们互相攻打对方。使者带着昭宗的密令出发了。他们分别来到了凤翔和静难，向李茂贞和王行瑜传达了李晔的旨意。李茂贞和王行瑜一听，顿时大喜。他们一直想找机会除掉对方，如今朝廷竟然主动送上门来，岂有不答应之理？于是，李茂贞和王行瑜纷纷调集大军，向对方发起了猛烈的攻击。一时间，凤翔和静难战火纷飞，硝烟弥漫。昭宗在长安城中坐山观虎斗，心中暗自得意。

然而，李晔并未就此满足。他知道，要想彻底削弱藩镇势力，还需要更多的手段。于是，他开始暗中扶持那些对朝廷忠心耿耿的将领，让他们逐渐壮大自己的势力，以便在关键时刻给予藩镇势力致命一击。在这些将领中，有一位名叫王建的将领引起了李晔的注意。王建对朝廷忠心耿耿，一直想要收复失地，重振朝纲。李晔决定支持王建，让他成为自己平定叛乱、削弱藩镇势力的得力助手。他秘密派遣使者前往西川，向王建传达了自己的旨意。王建一听，顿时热血沸腾。他深知，这是自己建功立业、报效朝廷的大好机会。于是，他迅速调集大军，向陈敬瑄发起了猛烈的攻击。

战斗打响了，王建的大军如潮水般涌向了西川。陈敬瑄虽然也调集了大军进行抵抗，但在王建的猛攻下节节败退。最终，陈敬瑄兵败，不得不向王建投降。王建收复了西川失地，为朝廷立下了赫赫战功。李晔闻讯大喜，他立即下旨封王建为西川节度使，并赐予了他丰厚的奖赏。

藩镇势力盘根错节，其强大的军事力量和独立的经济体系，对中央政权构成了严峻的挑战。而朝廷内部，宦官专权、朝政腐败，使得国家机器运转失灵，为平叛增添了重重困难。然而，李晔并未被这些困境所阻挠，而是更加清晰地认识了自己的使命和职责。

朱温篡唐：唐朝的终结

李晔即位之时，唐朝已日薄西山，内忧外患交织，国势衰微。而就在这个风雨飘摇的时刻，一个名叫朱温的枭雄正在悄然崛起，为这本就动荡不安的局势增添了更多的变数。

朱温出身贫寒，却勇猛过人，早年投身黄巢起义军，凭借一身的胆识和谋略，迅速在军中崭露头角，成为起义军中的佼佼者。他作战勇猛、智谋过人，多次为黄巢立下赫赫战功。然而，朱温的野心远不止于此。他深知黄巢起义的局限性，这场农民起义虽然声势浩大，但缺乏长远的规划和稳定的根基，难以成就大业。于是，他开始审时度势，寻找新的出路。

在深思熟虑后，朱温决定背叛黄巢，转而投靠唐朝政府。

他的这一举动让唐朝政府看到了希望，他们以为朱温是真心悔过，想要为唐朝效力。于是，唐朝政府欣然接受了朱温的投降，并委以重任，让他成为一名官军将领。朱温的投降确实为唐朝带来了一时的安宁，但他的野心却暗流涌动，深藏不露。在得到唐朝政府的重用后，朱温迅速扩充了自己的势力。他凭借过人的军事才能和残忍的手段，南征北战，立下了赫赫战功。同时，他也不断地在朝中结交权贵，拉拢朝臣，逐渐形成了自己的势力集团。

随着时间的推移，朱温的势力日益庞大，他逐渐控制了唐朝的朝政。他利用手中的权力排除异己、独揽大权。而此时的李晔虽然有心整治朝纲，振兴唐朝，却力不从心。他深知宦官势力庞大，一旦处理不当，就会引发更大的动荡。因此，他只能选择忍气吞声，对朱温的势力睁一只眼闭一只眼。然而，宦官乱政却让李晔更加受制于人。宦官凭借着皇帝的宠信把持朝政，为所欲为。他们贪污腐化、卖官鬻爵，使得朝廷乌烟瘴气。李晔虽然对此深感痛心，但却无力改变现状。他只能眼睁睁地看着宦官一步步侵蚀着唐朝的根基。

光化三年（900），宦官刘季述等人终于发动了政变。他们趁李晔不备，将其幽禁起来，企图另立新帝。这一举动，彻底激怒了李晔和朝中的忠臣。一旦让宦官得逞，唐朝将彻底沦为宦官的傀儡政权。于是，他们开始密谋反击。在朱温的支持下，宰相崔胤率领神策军诛杀了刘季述等人，成功解救了李晔。

这一事件让昭宗对朱温更加依赖和信任。他册封朱温为梁王，赐予他极高的权力和荣誉，希望借助朱温的力量来振兴唐朝。

然而，李晔却忽略了朱温那日益膨胀的野心。朱温并没有因为昭宗的册封而满足，他反而更加肆无忌惮地扩充自己的势力。他利用手中的权力，不断削弱朝廷的力量，增强自己的实力。他深知，只要自己掌握了足够的权力，就可以随时篡夺皇位。慢慢地，朱温的野心愈发显露无遗。他不再满足于仅仅掌控朝政，而是开始密谋篡夺皇位。他暗中结交朝中的权贵和将领，拉拢他们成为自己的盟友。同时，他也不断地在朝中制造混乱和动荡，为篡唐做准备。李晔虽然察觉到了朱温的贰心，但却无力阻止。他深知自己已经成为朱温篡唐路上的绊脚石，随时都可能被除掉。因此，他只能选择忍气吞声，希望朱温能够念及旧情，放过自己一马。

李晔的忍让并没有换来朱温的怜悯。天祐元年（904），朱温终于露出了他的獠牙。他派遣亲信朱友恭等人潜入皇宫，秘密杀害了李晔。李晔在毫无防备的情况下被杀害，他的死讯如同晴天霹雳，震惊了朝野，也昭示了唐王朝无可奈何的没落。

李晔档案

姓　　名：李晔

庙　　号：昭宗

生卒年份：867年—904年

出 生 地：长安

逝 世 地：洛阳椒殿

家族背景：出身皇族，为唐懿宗李漼第七子。在父亲李漼及兄长的庇护下成长，少年时期被封为寿王，后在宦官与朝臣的支持下登基为帝。

早年经历：虽身为皇子，但他并未完全沉溺于奢华与玩乐，相反，他自幼便对朝政有着一定的兴趣和认知。在经历了皇族的内部斗争和宦官的权势更迭后，意外地登上了皇位。

主要政绩：李晔登基后，怀揣雄心壮志力图振兴唐朝，然受宦官专权、藩镇割据之困，束手无策。他试图削弱宦官势力，加强皇权，却遭宦官幽禁，一度失去皇位。

性格特点：志向高远但能力不足，优柔寡断，在权臣和宦官之间摇摆不定，政策反复，身处末世，仍不甘沦为傀儡，多次尝试夺权，但终因实力悬殊而失败，体现了一种悲壮的挣扎。

历史评价：唐昭宗李晔是一个充满矛盾的人物，既有中兴之志，又无回天之力，其统治加速了唐朝的崩溃，但也反映了末世君主的无奈。

哀帝李柷

天祐元年（904）—四年（907）

唐哀帝李柷生于892年，年仅十六岁便结束了其短暂而悲剧性的一生。他是唐昭宗李晔的第九子，初封辉王，后因昭宗被权臣朱温所杀，被朱温拥立为帝，时年十三岁。李柷在位期间，完全处于朱温的控制之下，形同傀儡，所有政务均由朱温裁决。李柷权力被架空，只能眼睁睁地看着唐朝的国势日益衰微。

天祐四年（907），朱温逼迫李柷禅位于他，唐王朝就此灭亡，朱温建立后梁政权。李柷被降为济阴王，徙居曹州（今山东省荷泽市）。然而，由于李克用、王建、李茂贞等人仍以唐为正朔，朱温为稳固其地位，于天祐五年（908）派人毒杀了李柷，以王礼葬于济阴定陶。

李柷的一生充满了无奈与悲哀，他作为唐朝的最后一位皇帝，却无力挽回唐朝的衰亡。他的死标志着唐朝这一辉煌王朝的终结，中国历史从此进入了五代十国的分裂时期。后世对李柷的评价多带有惋惜之情，认为他虽有振兴唐朝之心，却无奈生于末世，无力回天。

傀儡皇帝：唐朝的最后余晖

唐朝末年，宦官专权、藩镇割据，朝政腐败不堪，民不聊生。李柷这个原本应在深宫中无忧无虑成长的孩子却因命运的捉弄，被卷入了这场历史的漩涡。

天祐元年，长安城内的气氛异常紧张。唐昭宗李晔这位曾试图力挽狂澜、振兴唐朝的皇帝被权臣朱温所杀。野心勃勃的权臣朱温在杀害唐昭宗后，迅速控制了朝政。为了巩固自己的地位，他需要一个傀儡皇帝来继续维持唐朝的统治，于是年仅十三岁的李柷被朱温强行推上了皇帝的宝座。

李柷在位期间，一切政事皆由朱温决策。他不敢立自己的年号，只能沿用唐昭宗的年号天祐。

天祐二年（905）九月，李柷试图为那些曾经给予他温暖的人争取一些荣耀。他以宫内出旨的名义，加封自己的乳母为昭仪和郡夫人。然而，这一举动却遭到了宰相的强烈反对。他们认为乳母自古无封夫人赐内职的先例，此举有违典制。面对宰相的异议，李柷只能无奈妥协，将乳母杨氏赐号为安圣君，王氏封为福圣君，另一位王氏封为康圣君，算是给了她们一些荣耀。

同年十一月，李柷又试图亲祠圜丘以彰显皇帝的威严。各衙门为此做好了充分的准备，宰相也已前往南郊坛熟悉有关仪式。然而，当朱温得知这一消息后，却大为不悦。他认为举行郊天之礼是有意延长大唐国祚，于是有关主持的官员在恐惧之下，只好借口改期，使此事不了了之。

李柷的一生是唐朝末年悲剧的缩影，是权臣弄权、皇权旁落的见证。历史的洪流却将他无情地卷走，只留下了一段令人唏嘘不已的傀儡皇帝传奇。

白马之变：从大肆杀戮到逼迫禅位

天祐二年的六月，长安城的天空乌云密布，仿佛预示着即将到来的风暴。唐哀帝李柷坐在深宫之中，心中翻江倒海，难以平静。这个傀儡皇帝不过是权臣朱温手中的一枚棋子，随时都可能被抛弃。

朱温早已将唐朝的江山视为自己的囊中之物。他为了彻底巩固自己的地位，决定对朝廷中的忠臣良将进行一次大规模的清洗。在谋臣李振鼓动下，六月的一天，朱温以莫须有的罪名，将裴枢、独孤损、崔远等三十多位朝廷重臣召集到了黄河边的白马驿。原本宁静的白马驿此刻却充满了肃杀之气。三十多位忠臣里有的曾是唐朝的宰相,有的曾是朝廷的栋梁,此刻却都站在了死亡的边缘。朱温的手下一个个如豺狼虎豹,将他们团团围住。没有审判,没有辩解,只有冰冷的屠刀和无尽的恐惧。

白马之变后,朝中一片死寂,人人自危。朱温更加猖獗,他开始在朝中大肆安插自己的亲信,排挤异己。而李柷这个曾经的皇帝,如今却只能眼睁睁地看着自己的江山被朱温一点点蚕食。

转眼到了十二月,长安城再次被阴霾笼罩。这一次,朱温的魔爪伸向了皇宫内部。宣徽副使蒋殷、赵殷衡诬告蒋玄晖与何太后有染,并与柳璨、张廷范等人结盟,企图复兴唐朝。这无疑是朱温为了进一步消除异己,巩固自己权势的阴谋。

曾经为唐朝效力的忠臣蒋玄晖就这样被朱温轻易地下令处死了,而何太后也没能逃过一劫。朱温密令蒋殷、赵殷衡在积善宫缢死了何太后,并强迫李柷下诏称何太后是因秽乱宫闱而自杀谢罪,追废为庶人。何太后的丧事让朝廷上下一片悲痛,废朝三日。而原本计划在新年举行的郊礼,也因这场宫廷丑闻而被废除。曾经为朱温出谋划策的亲信柳璨也在这场风暴中成为牺牲品。他被朱温贬为登州刺史,并赐死。太常卿张廷范更是遭到了极刑,被五马分尸。

终于,在天祐四年的某一天,朱温派出了自己的心腹手持伪造的诏书来到了李柷的面前。诏书上写着，李柷因年幼无知无法治理国家，特禅位于朱温。李柷看着这份诏书心中五味杂陈。他知道这是朱温逼迫自己禅位的手段，也明白自己无力反抗。

禅位仪式在洛阳皇宫中举行，朱温扬扬得意，接受着朝臣的朝拜。仪式结束后，李柷被贬为济阴王，被安置在朱全忠亲信氏叔琮的宅第。唐朝的江山就这样落入了朱温的手中。

唐亡之后：哀帝的悲惨结局

曹州的宅第虽看似华丽，实则却是一座无形的牢笼。李柷失去了自由，也失去了作为皇帝的尊严。他每日只能对着四壁发呆，回忆着过去大唐的辉煌与荣耀，外面的世界已因唐朝的灭亡而陷入了新的政治格局之中。

朱温篡位后，建立了后梁政权，自封为帝。然而，他的篡位行为并未得到所有藩镇首领的认可。太原的李克用、凤翔的李茂贞、西川的王建等人仍然打着尊奉唐朝正统的旗号，对其施加压力。这种政治格局的形成，让朱温感到了前所未有的压力。只要李柷还活着，就总会有人打着复兴大唐的旗号来挑战他的权威。因此，李柷的存在对朱温来说，就像一颗定时炸弹，让他如坐针毡。

天祐五年（904）的春天，朱温终于决定除掉这个心腹之患。他派人悄悄前往曹州，带着一壶毒酒来到了氏叔琮的宅第。当使者将那壶毒酒放在李柷面前时，李柷似乎已经预料到了这一刻的到来。他端起酒杯，轻轻抿了一口。那酒带着苦涩与死亡的味道，顺着他的喉咙滑下。他闭上了眼睛，等待着死亡的降临。在这一刻，他的心中并没有太多的恐惧和悲伤，反而有一种莫名的解脱感。

李柷档案

姓　　名：李柷

庙　　号：哀帝

生卒年份：892年—908年

出 生 地：长安

逝 世 地：曹州

家族背景：出身皇族，为唐昭宗李晔第九子。在父亲李晔及皇室宗亲的庇护下成长，少年时期生活在宫廷的权谋与纷争之中，后在朱温等军阀的操控下登基为帝，成为唐朝的末代皇帝。

早年经历：李柷生于乱世，长于宫廷的动荡与不安之中。在经历了皇族的内部斗争、宦官的权势更迭以及父亲的被幽禁后，他意外地被推上了皇位，开始了他短暂且悲剧性的皇帝生涯。

主要政绩：李柷登基后，面对的是一个已经千疮百孔的唐朝。宦官专权、藩镇割据、朝政腐败，种种问题交织在一起，使得他几乎无力回天。

性格特点：性格懦弱，缺乏主见。他即位时年仅十三岁，面对复杂的政局和权臣的威压，显得无力应对。

历史评价：李柷作为唐朝的末代皇帝，其统治时期是唐朝历史上最为黑暗的时期之一。他的即位和"禅位"，标志着唐朝的正式终结。后世对李柷的评价多带有悲剧色彩，认为他是唐朝衰亡的见证者和牺牲品。

附　录

唐朝二十一帝世系（618—907）

高祖　李　渊　武德元年（618）—九年（626）
太宗　李世民　贞观元年（627）—二十三年（649）
高宗　李　治　永徽元年（650）—永淳二年（683）
女皇　武则天　天授元年（690）—神龙元年（705）
中宗　李　显　嗣圣元年（684）
　　　　　　　神龙元年（705）—景龙四年（710）
睿宗　李　旦　文明元年（684）—天授元年（690）
　　　　　　　景云元年（710）—延和元年（712）
玄宗　李隆基　先天元年（712）—天宝十五载（756）
肃宗　李　亨　至德元年（756）—宝应元年（762）
代宗　李　豫　宝应元年（762）—大历十四年（779）
德宗　李　适　建中元年（780）—贞元二十一年（805）
顺宗　李　诵　永贞元年（805）
宪宗　李　纯　元和元年（806）—十五年（820）

穆宗　李　恒　长庆元年（821）—四年（824）

敬宗　李　湛　宝历元年（825）—三年（827）

文宗　李　昂　大和元年（827）—开成五年（840）

武宗　李　炎　会昌元年（841）—六年（846）

宣宗　李　忱　大中元年（847）—十三年（859）

懿宗　李　漼　咸通元年（860）—十四年（873）

僖宗　李　儇　乾符元年（874）—文德元年（888）

昭宗　李　晔　龙纪元年（889）—天祐元年（904）

哀帝　李　柷　天祐元年（904）—四年（907）